世界一よくわかる新選組

山村竜也
Tatsuya Yamamura

祥伝社

世界一よくわかる新選組

はじめに

最近の刀剣ブームにより、和泉守兼定や堀川国広の人気が高まり、新選組に興味を持つ人々が増えているという。大変よろこばしいことである。

歴史に興味を持つのに、きっかけは何でもかまわない。

好きな刀剣を通じて歴史上の人物を好きになったとすれば、それは素晴らしいことだ。

かくいう私の場合、歴史好きになったのは、あるテレビ時代劇がきっかけだった。

十八歳のときに偶然観た「燃えよ剣」(NET系)の再放送で、栗塚旭さんが演じた新選組副長・土方歳三のかっこよさに惚れ込んだ。

以来、史実の新選組の研究に没頭するようになった私は、やがて彼らに関する本も執筆、出版させていただくようになった。その数はいまや二十冊以上にも及んでいる。

NHK大河ドラマ「新選組!」が制作されたときには、時代考証をつとめさせていただいた。映像作品によって歴史好きになった私としては、映像作品に参加できたことは大変うれしい出来事だった。

この「新選組!」が放送されて以降、新選組ファンの数も大幅に増えた。最近のファンの方々は、新選組をただ愛するというのではなく、彼らのことをよく調べ、そうすることで彼らの実像に迫ろうとする。

そんなファンの熱意の高まりが、日本出版販売の運営する「新選組検定」の実施につながったといえるだろう。新選組の知識を競うこの検定の受検者は、回を重ねて現在までに累計一万人を数えるという。新選組がいかに人気があるか、彼らの生き方がいかに現代の人々に支持されているかということの証しとなろう。

今回、本書『世界一よくわかる新選組』は検定の公認参考書に選んでいただいた。土方歳三の愛刀・和泉守兼定に関する新研究など読みどころは多いと自負しているので、検定の受験者はもちろんのこと、多くのファンの方々に読んでほしいと思っている。

同じ新選組を愛する者として、彼らのことを正しく知り、理解していただきたい——。それが私の切なる願いなのである。

本書の刊行にあたっては、祥伝社書籍編集部の萩原貞臣氏、大木瞳氏に大変お世話になった。心より御礼申し上げたい。

二〇一七年八月

山村竜也

世界一よくわかる 新選組

目次

第二章 土方歳三と剣

第三章

池田屋事件の真実 99

池田屋事件をめぐる五つの誤解 100

隊士たちの阿吽の呼吸が勝敗を決めた 112

第六章

新選組の組織編成

最新の研究で浮かび上がる知られざる組織の姿

装幀・本文図版
FROG KING STUDIO
本文写真
土方歳三資料館（p.93）、
佐藤彦五郎新選組資料館（p.15、p.87）
清水隆（p.131）
pixta（p.157 skipinof / PIXTA）
著者

第一章

新選組
幹部列伝

近藤勇
歴史の表舞台で名を馳せた新選組の局長

天然理心流四代目

近藤勇がまだ宮川勝五郎と名乗っていた十六歳のときの有名なエピソードがある。

ある夜、数人の強盗が父・久次郎の留守を狙って押し入った。兄の粂次郎が日ごろの剣術修行の成果を試すのはこのときと、刀の鞘を払って飛び出そうとしたが、それを勝五郎は引き止めていった。

「賊は入ったばかりのときは気が立っているものです。今かかっては、敗けないまでも苦戦する。彼らは立ち去るときになると早く逃げようという気が先立ち、心が留守になるか

近藤勇は、口が大きいことが自慢だった（佐藤彦五郎資料館所蔵）

ら、その虚に乗ずることこそ剣術の極意でしょう」

　兄は弟の言葉に納得し、はやる心をおさえてその機会を待った。そして賊が目ぼしいものをひとまとめに包み、悠々として引き揚げようとしたそのとき、勝五郎は兄とともに一刀をさげて飛び出した。「待てっ」と一喝し、賊の一人に斬りつける。不意の一撃にあわてた賊たちは、思わず背にしたものを投げ捨てて一目散に逃げ出した。兄弟はそれを追いかけて二、三人に手傷を負わすが、粂次郎がなおも深追いしようとするのを勝五郎は引き止め、

「窮鼠かえって猫を噛むのことわざもあります。このくらいにして引き揚げるのが上策ですよ」

　といって、賊の捨てたものをまとめて家に帰った。

　この一件が世間に伝わって、大評判となり、ことに勝五郎の知勇兼ねそなえた行動は、師匠の近藤周助を感服させた。

「わが天然理心流の四代目を継ぐべき者は、勝五郎をおいてほかにない」

　周助のたっての願いに、この年十月、勝五郎は近藤家の養子となり、のちに近藤勇と改名して天然理心流宗家を継ぐことになる。

新選組結成

近藤勇は天保五年（一八三四）、武蔵国多摩郡上石原村（現・東京都調布市野水）の農家に、宮川久次郎、みよの三男として生まれた。

江戸市ヶ谷柳町に天然理心流の剣術道場試衛館を構える近藤周助に入門したのは嘉永元年（一八四八）というから、盗賊退治のエピソードのあったわずか一年前である。短期間に剣腕は上達し、師の周助に見込まれるようになった。

そして文久元年（一八六一）八月、二十八歳のときに、天然理心流四代目襲名披露の野試合を府中六所宮でおこない、名実ともに理心流宗家を継いだのである。

この野試合には理心流の門人として沖田総司、井上源三郎、土方歳三、山南敬助が参加していた。彼らとともに新選組を結成することになるのは、この二年後のことである。

近藤勇の運命を変えたのは、文久三年（一八六三）正月におこなわれた幕府浪士組の募集だった。攘夷の実行のために、近く京都に上る将軍家茂を警護するというのが浪士組の役目である。参加資格は尽忠報国の志を持っていて、身心ともに健康であれば、身分にかかわらず召し抱えるといったものだった。

これに近藤は乗った。このまま町道場の主で終わるよりも、京都へ行き攘夷の先鋒としてひと働きしたい。そんな思いが、近藤を歴史の表舞台へと押し上げていくのである。

試衛館からは近藤と土方、沖田、井上、山南のほか、最近道場によく出入りするようになっていた永倉新八、藤堂平助、原田左之助といった他流派の若者たちも参加した。みな近藤と意気投合して、行動をともにするようになった者たちだった。

一行は、二月八日に小石川伝通院を出立し、二十三日に京都に到着した。ところが、浪士組の黒幕であった出羽庄内浪士・清河八郎が突然尊王派に寝返ったことによって、浪士組総員は江戸に帰されることになってしまう。

これに反対したのが近藤だった。攘夷のための将軍警護という目的を実行しないまま、江戸に戻るというのは納得がいかない。どうしてもというなら、自分たちだけは京都に残る。近藤はそういって、同宿の水戸浪士・芹沢鴨らとともに京都残留を決めたのである。

三月十二日深夜、京都守護職・松平容保の会津藩お預かりとなることが決定した近藤らは、京都を守る特別警察隊の壬生浪士を組織。のちに彼らは新選組と名乗るようになる。

しかし、近藤とともに局長に就任した芹沢は粗暴な性格で、京都の人々に迷惑をかけることが多かった。このままでは壬生浪士の信用も失われる。危機を感じた近藤はついに意

試衛館の跡地（東京都新宿区市谷柳町）

を決し、土方、沖田らに命じて芹沢とその一派を暗殺、粛清したのだった。

池田屋事件

芹沢派粛清の直後、新選組の隊名を与えられた近藤らが、その名を天下に轟かせたのは翌元治元年（一八六四）六月五日に勃発した池田屋事件だった。御所焼き討ちを企む尊王派浪士二十数人が三条小橋の旅宿池田屋に集合しているところを、新選組が襲撃したのである。

池田屋という集合場所はあらかじめわかっていたわけではないから、近藤は隊士三十四人を二手に分けて探索した。副長・土方指揮の二十四人は縄手方面に向かわせ、自分以下十人は木屋町筋をおもに取り調べた。すると、三条小橋のあたりにさしかかったとき、橋のたもとの池田屋に不穏な気配を感じた。しかし、土方隊の到着を待っている余裕はない。肚を決めた近藤は宿の出入り口を固めさせ、わずか四人で屋内に踏み込んだ。

「主人はおるか、御用改めであるぞ」

大声で一喝し、愛刀虎徹の鞘を払った。このときの近藤の勇気ある決断が、新選組の名を歴史に残すことになったといっても過言ではない。死にものぐるいの浪士たちとの戦闘は二時間あまりも続き、新選組は八人の浪士を討ち取り、二十余人を捕縛する大手柄を立てた。近藤は自慢の虎徹の刃が鋸のようにぼろぼろになるという奮戦ぶりだった。事件後、幕府から多大な報奨金と感状が下され、近藤勇の新選組はここに確立した。

ところが、この成功で近藤は少々天狗になってしまったらしい。もともとわがまま気味の性格だった近藤だが、さらに増長し、隊の専制支配が目にあまるようになったという。ついに永倉、原田らが近藤を諌める建白書を会津藩に提出するという問題にまで発展する。松平容保の仲裁で表面上は収まったが、一部の隊士たちの間に近藤に対する不満が残ったのは否めなかった。

近藤は口がとても大きく、握り拳を口の中に楽に出し入れすることができた。それで、

「加藤清正は口が大きく、自分のように拳を出し入れできたそうだ。願わくは、自分も清正公のように出世したいものだ」

などと日頃からいっていたという。そんな無邪気な一面もある男だったのだ。

三十五年の人生に幕

しかし、時勢はついに味方せず、慶応三年（一八六七）十月、大政奉還が実施されて政

権は朝廷に返上された。そのうえ、近藤は十二月十八日、伏見墨染付近を乗馬で通行中に狙撃され、右肩に重傷を負ってしまう。この負傷によって、翌慶応四年一月に勃発した鳥羽・伏見の戦いに近藤は参加することができず、新選組の指揮は副長の土方が代わってとることになる。

江戸退却後、甲陽鎮撫隊として甲州へ出兵した近藤だったが、豊富な兵力と銃火器を誇る新政府軍の前にあっけなく敗退。武州足立郡の五兵衛新田を経て、四月二日に下総流山へと転陣する。このころになると、試衛館以来の同志は土方歳三ただ一人になっていたが、それでも近藤は、新選組を率いて旧幕軍の拠り所である会津へ向かおうとしていた。

ところが四月三日朝、突然押し寄せた新政府軍が新選組本陣を包囲した。もはやこれまでとさとった近藤は、最期を武士らしく切腹して飾ろうとするが、土方に押しとどめられて大久保大和の変名のまま板橋の新政府軍総督府に出頭する。

しかし、天運はすでに尽き果てていた。正体はすぐに見破られ、ろくな裁判も受けられないまま断首の刑に処せられることになった。白刃が頭上で一閃したとき、近藤の、まるで夢であったかのような三十五年の人生が終わった。

生家に近い龍源寺にある近藤の墓（東京都三鷹市）

土方歳三(ひじかたとしぞう)
鬼の副長として隊を牽引
新選組の最期を飾る

近藤と肝胆(かんたん)相照らす仲

土方歳三が新選組副長として京都で活躍していたころのこと。ある日、故郷である日野(ひの)の天然理心流の門人たちに小包が送られてきた。同封されていた手紙を門人たちが読むと、土方の筆で「つまらないものですが、謹んでお贈りします」と書いてある。「いったい何が入っているんだろう」と、門人たちが期待して包みを開けてみると、中から手紙が数十通も出てきた。それらの手紙をよく見ると、なんと、どれも京都や大坂の色街の馴染みの遊女が土方にあてた熱烈な恋文であった。土方は自分が現在いかに女性にも

現代的な美男子の土方歳三銅像（日野市・高幡不動）

ているかを、彼女たちから受け取ったラブレターを見せつけることで誇らしげに知らせているのだ。門人一同は最初は驚いたが、すぐに土方のユーモアに気づき、「また石田の歳さんに一本とられてしまった」と大笑いしたという。

　このエピソードを裏づけているのが、現存する、文久三年（一八六三）十一月付で故郷の小島鹿之助にあてて書いた手紙である。有名なこの手紙には土方が馴染みにしていた遊女たちが、花君太夫、君菊、小楽、若鶴太夫というように、実名入りで列挙されており、

「自分が女性にもてることといったら、とても手紙には書ききれないほどだ」

などと冗談まじりで書かれている。

　確かに土方は二枚目だった。残されている写真を見ても、目元が涼しく、黒髪の豊かな現代的な美男だし、当時の人々の語り残しなどにもみな土方の容貌が際立っていたことが出てくる。

　そんな土方だったから、江戸のころから町娘が放ってはおかなかった。十一歳のとき、上野の松坂屋呉服店へ丁稚奉公に出たときには番頭と喧嘩をして長続きしなかったが、十七歳のときに奉公した大伝馬町の呉服屋では、そこの女中と関係ができてしまった。言い寄ったのは女中のほうだったらしい。

結婚を迫る女中と、そんな氏素姓もわからない女をと猛反対する親類たち。結局、土方は自分で談判し、立派にけりをつけたという。

ふたたび家に戻った土方は、生家が農業のかたわらに代々製造販売をしている石田散薬という薬の行商に出された。しかし、ただ薬を売り歩いていたのではない。竹刀と防具を肩にかつぎ、行く先々で剣術の試合を挑む武者修行のようなことをしていた。

姉・のぶの嫁ぎ先である佐藤彦五郎のもとへ江戸から出稽古に来ていた近藤勇と知り合ったのは、そんなころのことだった。二人は性格的にうまが合ったのだろう。すぐに義兄弟の契りを結び、肝胆相照らす仲となった。

そして文久三年(一八六三)二月、幕府浪士組の募集に応じて、近藤とともに上洛。新選組を結成し、局長の近藤を補佐する副長職につくのである。

鬼副長として隊を統率

土方はこの新選組を最強の戦闘集団に仕立て上げようとした。しかし、隊士たちは諸国から集まって来た烏合の衆である。これを統率するためには、厳格な規律がどうしても必要だった。そうしてできたのが、のちに局中法度とよばれる隊規である。

隊規の条項は一般に五箇条あったとされているが、正しくは以下の四箇条になる。

一、士道に背く事。
二、局を脱する事。
三、勝手に金策を致す事。
四、勝手に訴訟を取り扱う事。
この四箇条を背くときは切腹を申し付くる事。

隊規に違背して処分された隊士の中には葛山武八郎、桜井勇之進、河合耆三郎、小川信太郎らのように、近藤が隊を留守にしていたときに刑が執行された者も多かった。近藤と同等の権力が土方に与えられていたことの証しである。

鉄の結束と無敵の戦闘力を誇った新選組であったが、慶応四年（一八六八）正月に勃発した鳥羽・伏見の戦いでは壊滅的な打撃を受けた。右肩負傷の近藤に代わって、土方が隊の指揮をとったものの、銃火器を駆使する新政府軍の前に惨敗を喫してしまったのだ。無念の土方は戦争後にこう述懐している。

「これからの武器は銃砲でなければだめだ。俺は剣と槍をとって戦ったが、まったく役に立たなかった」

もともと土方は必要以上に剣というものに固執はしていなかった。だから、西洋の兵器がすぐれていると知れば、すぐにそちらに乗り換えることができた。江戸退却後にいち早くまげを切り、衣服を洋装に変えたのもそのあらわれであっただろう。

流山で近藤を失った土方は、単身、大鳥圭介（おおとりけいすけ）率いる旧幕府脱走軍に参加する。ここには伝習隊などの洋式調練を受けた軍隊があり、土方の新しい配下となった。慶応四年四月、この洋式部隊を指揮して土方は宇都宮（うつのみや）城を攻撃、あっさりと陥落させている。近代戦争の指揮官としても土方は有能であったのだ。

この戦いの最中、敵の銃撃におじけづいて逃げようとした兵士がいた。土方はこれを見とがめ、「退却する者は誰でもこうだ」といって、一刀のもとに斬り捨てた。勝利のためなら鬼となる、新選組副長時代の土方を思わせる厳しい処断だが、

「あの一兵卒は実に哀れだった。どうかこの金で墓石のひとつでも建ててくれ」

といって、霊を弔うことも忘れなかった。

このころから土方は人が変わったようになったという。京都時代は新選組という組織を

維持していくため、厳格さだけが目立っていた土方だが、その新選組が事実上崩壊したいま、逆に心に余裕ができたのかもしれない。

箱館に散る

会津戦争を経て、榎本武揚の旧幕府艦隊に合流した土方は明治元年（一八六八）十月、箱館（函館）に渡航する。箱館では役職を決めるために選挙がおこなわれ、土方は陸軍奉行並に就任した。陸軍奉行となった大鳥圭介に次ぐポストだったが、実力的には土方のほうがはるかに上であることを、兵士たちの誰もが知っていた。

その土方の陸戦指揮官としての能力が最大限に発揮されたのが、翌明治二年（一八六九）四月に攻めてきた新政府軍を迎撃する二股口の戦いだった。要害の二股口にわずかの兵を率いて布陣した土方は、二度にわたる敵の大軍の猛攻をくいとめ、激しい銃撃戦のすえについに敵を沈黙させた。

勝利を確信した土方はみずから酒樽を抱え、自軍兵士たちの健闘を讃えながら、酒をふるまって歩いた。そして、

「ただし、一杯だけだ。酒に酔って軍律を乱してはいかんからな」

と土方がいうと、兵士たちはみな大笑いして承諾したという。あいかわらず「軍律」を気にしながらも、部下の心をつかむことにたけた指揮官に成長していた土方だった。

しかし、五月十一日、新政府軍は箱館に総攻撃を仕掛ける。新編成の新選組がこもる弁天台場を救うため、土方は馬に飛び乗り、わずか七十人ほどの陸軍兵を率いて出陣した。一本木関門のあたりまで進むと、味方が苦戦しているのに出くわす。土方は兵を叱咤して、いつものように叫んだ。

「退却する者があれば斬る」

兵は奮い立ち、敵に向かって攻撃に転じた。

が、そのとき一発の銃弾が馬上の土方の腹部を貫いた。敵兵が狙撃したのか、それとも乱戦のなかで流れ弾があたったのか、どちらかはわからない。鞍から転げ落ちた土方は、一言も発することなく息を引き取った。

激しく闘い抜いた三十五年の生涯だった。

土方の墓には参拝者が絶えない（日野市・石田寺）

沖田総司(おきたそうじ)
剣一筋に生きた悲運の天才
二十七歳の青春

剣は天性の素質

沖田総司は美剣士ということになっているが、実際には彼が美男であったことを伝えるものは何もない。その容姿については、背が高く、肩幅の広い、色の青黒い若者であったという。

これだけでは沖田が二枚目であったかどうか、どうにも判断がつきかねるが、アスリート系の好感の持てる青年であったことは間違いないだろう。

天然理心流の試衛館に沖田が住み込むようになったのは十三歳のころだった。陸奥白河(むつしらかわ)

藩士・沖田勝次郎の長男として麻布の白河藩邸に生まれた沖田だったが、剣術道場に預けられた理由は、いわゆる口減らしのためだっただろうか。沖田家の家督のほうは、年の離れた姉のみつが、すでに婿の林太郎を迎えているので問題はなかった。

　ともあれ、沖田はこの試衛館で剣術の稽古に励んだ。天性の素質があったのだろう、剣技は十代のうちに免許皆伝に達し、文久元年（一八六一）二十歳のときには塾頭になっている。道場主の近藤周助が養子とした近藤勇や、門人の土方歳三とは実の兄弟のように親しい仲だった。

　文久三年（一八六三）二月、この近藤や土方ら試衛館一門とともに、沖田は幕府浪士組に参加して京都へ上った。そして浪士組一行が江戸へ帰ったあとも京に残り、会津藩のお預かりとして新選組（壬生浪士）を結成するのである。

　しかし、近藤とともに局長となった水戸浪士・芹沢鴨は乱暴な性格で、せっかくつくった新選組の評判を落とすことがはなはだしかった。やむなく芹沢一派の粛清を決意した近藤は、自分が心から気を許せる試衛館の者たち、すなわち沖田、土方、山南敬助、原田左之助の四人に命じて芹沢らを襲わせた。

　九月十八日、隊の大宴会で泥酔した芹沢が、屯所の八木源之丞家で妾と寝ているところに沖田らは踏み込んだ。最初の一太刀を浴びせたのは沖田だったという。しかし、これは致命傷を与えることができず、逆に芹沢に反撃の機会を与えてしまった。芹沢が振るった脇差の先で、沖田は鼻の下に浅傷(あさで)を負っている。かたわらの土方が繰り出した一撃で芹沢は倒され、ことなきをえたが、危ういところであった。達人の沖田も人を斬るのは初めてだったと思われ、それで手元が狂ってしまったのだろう。

翌日、この乱闘のさなかに八木家の勇之助少年が、誰かの刀の切っ先がふれたのか、足に怪我を負っていたことがわかった。襲撃者は長州人ということにしてあったが、沖田は申しわけなく思ったのか、八木源之丞に向かって、

「勇坊まで怪我をしたそうですね」

と、さも気の毒そうにいっていたという。心根のやさしい若者だったのだ。

隊務で血なまぐさい日々をおくる沖田も、非番のときにはよく壬生寺の境内で、近所の子供たちや子守を相手に鬼ごっこなどをして遊んだ。いつも冗談ばかりいっていて、ほとんど真面目になっていることがなかったという、陽気な性格の沖田であった。

不治の病に

翌元治元年（一八六四）六月五日、沖田と新選組にとっての大きな転機となる池田屋事件が起こる。沖田は隊中最強の戦力として、近藤率いる一隊に加えられていた。池田屋の屋内に最初に突入したのは近藤と沖田のほかに、永倉新八、藤堂平助のわずか四人。新選組屈指の剣客たちによる決死の斬り込みだった。

ところが、この夜沖田は一人の浪士を切り倒したあと、突然激しく咳き込み、その場に倒れ込んでしまった。肺結核にかかっていたのだ。そのまま戦場からリタイアすることになり、遅れて池田屋に到着した土方隊の手で屋外に運び出された。

当時、結核は不治の病といわれていた。それでも栄養のある食事をとり、安静にして毎日を過ごせば、治癒する可能性がないわけではない。沖田もできればそうすべきだったのだろうが、新選組の斬り込み隊長という立場が、それを許さなかった。このあとも沖田は新選組にとどまり、近藤や土方を助けて闘い続ける。

同年十二月、新選組は迫る長州（ちょうしゅう）征伐のための行軍録を定めるが、その中で沖田は一番隊を率いる組長となっている。また翌慶応元年（一八六五）夏には隊の再編成がおこなわれ、そこでも沖田は一番隊組長の座についている。新選組最強の剣客として、隊の先頭には沖田の姿がいつもあった。

そして沖田の剣は敵に向けてだけでなく、隊内の粛清にも振るわれた。慶応二年（一八六六）十月に隊を脱走し、大坂に潜伏していた酒井兵庫を、五、六人の部下を引き連れて追捕に向かい、抵抗したので斬殺した。また慶応三年（一八六七）には同じく脱走隊士の浅野薫が隊名を騙って金策していたことが判明したので、桂川の中に斬り伏せている。隊規に違反した者たちに対する沖田の制裁の剣は容赦なかった。

慶応三年六月、新選組はそれまでの西本願寺から屯所を不動堂村に移転する。しかし、このころから沖田の病状は悪化した。療養のため隊務から離れることが多く、十二月十八日に近藤が伏見墨染で御陵衛士の残党に右肩を狙撃されたときも、永倉新八が自分の二番隊のほかに沖田の一番隊をも引き連れて出動したほどだった。

直後の慶応四年（一八六八）正月に開戦した鳥羽・伏見の戦いにも、とても参加できるような状態ではなく、負傷の近藤とともに大坂城内で療養することを余儀なくされた。

江戸帰還後、三月に甲陽鎮撫隊として甲州に出兵した新選組だったが、沖田も途中までは同行した。土方の故郷である日野を通過するあたりまでは、なんとか気力でついて行

き、土方の義兄・佐藤彦五郎の家では、

「池田屋で斬りまくったときはかなり疲れましたが、まだまだこの通りです」

といって、相撲の四股を踏むまねをしてみせ、周囲を心配させまいとしたという。

しかし、これが最後の強がりだった。今度こそ完全に戦列から離脱した沖田は、以後、新選組と交流のあった幕府の医師・松本良順の世話になり、浅草今戸八幡境内の良順邸にかくまわれる。

さらに千駄ヶ谷の植木屋平五郎宅に移って、療養につとめた沖田だったが、五月三十日、静かに息を引き取った。享年二十七。

剣一筋に生きた青春は、あまりに短かった。

沖田の墓は、東京都港区の専称寺にある

山南敬助
江戸以来の幹部でありながら脱走、切腹

試衛館に入門

試衛館以来の同志で、新選組の大幹部であったにもかかわらず、脱走の罪により切腹させられたのが山南敬助。

陸奥仙台の出身で、江戸に出て、北辰一刀流や小野派一刀流の剣術を修行した。それがある日、市ヶ谷柳町の試衛館を訪れ、近藤勇と剣の手合わせをして、あえなく敗北を喫してしまった。以後、山南は近藤に弟子入りし、天然理心流の手ほどきを受けるようになったという。

これが遅くとも文久元年（一八六一）以前のことで、同年八月の府中六所宮における近藤の理心流四代目就任披露の野試合には山南も参加している。文久三年（一八六三）正月になると、もうすっかり理心流の人間として、沖田総司とともに多摩地方に出稽古に出張するほどになっていた。

また山南は腕が立っただけでなく、尊王攘夷（そんのうじょうい）思想にあつい知識人でもあった。近藤とは、そんな思想的な部分でも共鳴する部分があったという。

文久三年二月、近藤ら試衛館一門とともに京都に上り、新選組の結成に参加。局長・近藤を補佐する役目の副長職に、土方歳三とともに就任する。

同年八月十八日の政変が勃発したときには、新選組は揃いのだんだら羽織をつけ、誠の旗を先頭に押し立てて出動したが、先鋒となった山南は、「俺を先鋒にしていながら鎧を着せないとは何事だ」と不満をあらわにした。

少々口うるさいところが山南にはあったのかもしれない。

それでも九月十八日、芹沢鴨暗殺にあたっては、土方、沖田、原田左之助ら試衛館の者たちとともに八木家に突入、芹沢一派の平山五郎（ひらやまごろう）を斬殺する働きをみせる。

また同年十月頃、大坂の町を近藤と二人で歩いているところに、たまたま岩城升屋という商家に押し入った強盗を発見。山南は愛刀の赤心沖光を抜き払い、強盗を討ち取る手柄を立てたという。

刀を真っ二つに打ち折る奮闘に対して、会津藩からは八両もの報奨金が下されている。

新選組との離反

新選組の中心人物として活躍していた山南だが、この直後、健康を害し、寝込んでしまっている。翌元治元年（一八六四）二月、江戸のころの知人の富沢忠右衛門が上京してきたときも、床に伏していて会えないほどの病状だった。富沢は四月まで在京し、その間もほかの隊士たちとは会食などを重ねたが、ついに一度も山南とは会えずじまいだった。かなり重病だったのだろう。

だから六月五日の池田屋事件にも、人手が足りなかったにもかかわらず、山南は参加できなかった。隊中屈指の剣客の山南を欠いて、近藤らは、苦戦を強いられることになる。

この池田屋事件によって、新選組は佐幕の先鋒であることを内外に明らかにした。もはや尊王攘夷というスローガンは名ばかりのものになってしまっていたのである。

しかし、そのことは尊攘思想を抱く山南には耐えられるものではなかった。体調が思わ

山南の墓（京都市下京区・光縁寺）

しくないことに加え、日々つのっていく憂鬱。思いつめた山南はついに新選組を辞めることを決意した。もちろん隊には脱隊を禁じた隊規があったが、大幹部の自分には適用されるはずがないと、たかをくくっていたのかもしれない。

慶応元年（一八六五）二月二十三日、脱走の罪により山南は切腹となった。享年三十三。そのみごとな最期には近藤も、「浅野内匠頭（あさのたくみのかみ）でもこうみごとにはあい果てまい」と讃えたという。

永倉新八
新選組の最強剣客 不動の二番隊組長

十八歳で本目録

永倉新八は剣一筋に生きた男だった。神道無念流の剣術を岡田十松に学び、本目録を受けたのが弱冠十八歳のときというから、その天賦の才がうかがえる。

翌年、江戸下谷の松前藩邸を飛び出したのちも、同流の百合元昇三の道場で修行を重ね、さらに心形刀流の坪内主馬から師範代として招かれるほどの腕となっていた。

この坪内のもとで剣を教授するかたわら、江戸府内の道場をまわって名のある剣客たちに手合わせを挑むという日々をおくるうちに、天然理心流の近藤勇と出会うことになる。

文久三年（一八六三）二月に近藤の試衛館一門とともに上洛した永倉は新選組の結成に参加、副長助勤と称する大幹部となり、のちに二番隊組長に就任した。この二番隊組長というポストはその後も変わることなく永倉がつとめ、同様に一番隊組長であり続けた沖田総司とは、まさに「不動の一、二番」コンビであった。

元治元年（一八六四）六月五日の池田屋事件でも、永倉の活躍はめざましかった。永倉本人がのちに語ったところによると、池田屋の屋内で四人の浪士を斬り倒したという。これはあくまでも自己申告であるから、頭から信じてよいものとも思われないが、当夜は沖田総司と藤堂平助が途中から戦線を離脱しており、屋内には近藤と永倉の二人だけが残って戦うことになった。ならば、四人を斬ったという永倉の話も、まんざら誇張でもなかったかもしれない。

首脳陣との衝突

戦力的には新選組にとって貴重な存在の永倉だったが、その勝ち気な性格のせいか、近藤らの首脳陣と衝突することも多かった。元治元年八月には原田左之助らとともに、局長・近藤を糾弾する建白書を京都守護職にあてて提出するという事件を起こしている。近

新政府軍の本陣があった御香宮神社（京都市伏見区）

藤が隊士たちを家来同様に扱うことに対する不満が爆発したものというが、この事件によって、永倉は二か月ほどの謹慎処分を受けた。また慶応三年（一八六七）正月には、伊東甲子太郎らとともに無断で三日間も隊をあけるという騒動を起こしている。このときは六日間の謹慎で済んだものの、近藤との間にできた溝は深まるばかりだった。

それでも、その攻撃力が敵に向けられたときには、これほど心強いものはない。慶応四年（一八六八）正月に勃発した鳥羽・伏見の戦いでは、みずからの二番隊を決死隊として編成し、伏見奉行所の本陣から敵陣の御香宮神社へ斬り込みをかけた。残念ながら戦争の大勢を変えることはできなかったが、銃火器を駆使する新政府軍に永倉たちが一太刀でも浴びせることができたのは、なんとも小気味のいい話である。

しかし、近藤との関係はついに修復できなかった。江戸帰還後に両者は袂(たもと)を分かつことになる。甲陽鎮撫隊の敗走後、原田左之助、矢田賢之助(やだけんのすけ)らの同志と語らって会津へ向かうことを決めた永倉だったが、それを聞いた近藤は色をなしていった。

「拙者はそのようなわたくしの決議には加盟できない。ただし、拙者の家臣となって働くというならば同意もしよう」

こうなると、売り言葉に買い言葉である。

「二君に仕えないのが武士の本懐だ。これまで同盟こそしていたが、あなたの家来になったおぼえはない」

永倉はそう言い放つと、数人の同志とともに近藤のもとを去った。その後は靖共隊を組織して、新選組とは別に戊辰戦争を戦い、明治の世を生きることになる。大正四年（一九一五）、七十七歳で没。

斎藤一（さいとうはじめ）
会津では新選組隊長
凄腕の剣客

人を斬るのが癖

腕利き揃いの新選組のなかでも、斎藤一は沖田総司、永倉新八と並ぶ最強の剣客だった。

幕臣の山口家に生まれ、剣術（流派不明）をきわめた斎藤だったが、十九歳のときに誤って人を斬り殺してしまい、江戸にいられなくなって京都へ逃げた。京都では太子流の剣客・吉田某の道場に身を寄せていたが、翌文久三年（一八六三）二月に上洛した幕府浪士組と接触、かつて出入りしていた試衛館道場の近藤勇らとともに新選組の結成に参加する。

斎藤はあまり無駄口をきかない、いかめしい風貌の男で、人を斬ることが癖だという物騒な評判をとっていた。むろん、新選組隊士としては申し分のない性格といえ、結成当初から副長助勤の要職についている。のち四番隊、三番隊などの組長を歴任し、さらに隊の剣術師範をつとめた。

その殺人の腕が最初に振るわれたのは、文久三年九月二十六日に起こった長州の間者の粛清事件だった。新選組の内情を探るために長州藩から送り込まれたスパイの一人、御倉伊勢武を斎藤は背中から一突きにし、その場に即死させている。

翌元治元年(一八六四)六月五日の池田屋事件では、斎藤は土方歳三の配下にあって縄手方面を探索していたため、最初の斬り込みに加わることはできなかった。しかし、池田屋に到着後、井上源三郎らとともに屋内に突入し、苦戦の近藤らを助けた。

また、慶応三年(一八六七)正月七日には、こんな乱闘事件も起こしている。沖田、永倉と連れ立って四条大橋を渡ろうとしたとき、前方からやって来た土佐藩士・那須盛馬と十津川郷士・中井庄五郎の二人と衝突。双方抜刀しての斬り合いとなった。那須には沖田と永倉の二人があたり、大けがをさせて退けたが、斎藤の受け持った中井は剣の達人であったので、互角の戦いとなり、勝負がつかなかった。

ところが不思議な因縁で、同年十二月七日の天満屋事件で、この二人はふたたび対戦することになる。新選組と土佐系志士が入り乱れて戦うなかで、中井が新選組によって討ち取られた。誰の働きによるものかはっきりしてはいないが、宿命の対決に燃える斎藤の一撃であったかもしれない。

密命でスパイとなる

この斎藤が近藤の密命を受け、伊東甲子太郎らが御陵衛士として新選組を脱隊したときに間者として伊東らに同行した。斎藤のような、無骨で人を斬るしか能のないような男が、まさかスパイであるとは伊東も思わなかったのだろう。正体は最後まで露見することなく、そのために伊東は不覚の死を遂げることになる。斎藤の切れ味の鋭さは、剣技に限ったことではなかったのだ。

新選組に復帰した斎藤は山口二郎と改名し、戊辰戦争に身を投じた。鳥羽・伏見、甲州勝沼の戦いを経て、たどり着いた会津では、近藤はすでに亡く、土方は旧幕府全軍の指揮官となっていたので、斎藤が新選組隊長として隊を率いることになった。

ところが、会津戦争も敗戦間近になって、斎藤と土方の意見が真っ向から対立した。会津に見切りをつけて仙台へ向かおうとする土方に対し、斎藤はこう反対したという。

「今、落城しようとするのを見て、会津を捨てるのは正義ではない。新選組がこれまで会津からこうむった恩義を忘れることはできない。俺は会津に残る」

こうして、十数人の同志とともに会津に残った斎藤は、九月四日の如来堂(にょらいどう)の戦いに九死に一生を得、そのまま戊辰の終戦を迎える。維新後は会津人・藤田五郎として生き、明治政府の警視庁に奉職した。大正四年(一九一五)、七十二歳で没。

原田左之助　新選組随一の苦み走ったいい男

種田宝蔵院流の槍術者

豪放磊落な暴れん坊、それでいて新選組屈指の苦味走った二枚目。原田左之助はなんとも格好いい男だった。

伊予松山藩の中間の子として生まれた原田だが、国許で若党をつとめていたころ、ある武士と喧嘩をして、

「腹を切る作法も知らぬ下司下郎」

と罵られたのにカッとなり、いきなり裸になると、刀を抜いて左から右に腹を切った。

傷は浅かったので命は助かったが、原田はこんな無茶を平気でやる男だった。腹には一文字の傷跡が残ったが、のちによくこの腹を叩きながら、

「てめえたちのような蚤にも食われねえようなのとァ違うんだ。俺の腹ァ金物の味をしってるんだぜ」

と威勢のいい啖呵を切ったという。

この原田がいつのころからか江戸へ出て、近藤勇の試衛館に出入りするようになった。原田は種田宝蔵院流の槍術を谷三十郎に学んだと自称していたが、剣術についてはどんな流儀を修行したのかわかっていない。それでも、永倉新八や藤堂平助といった、他流派の若者たちが入り浸っていたという試衛館の気風が気に入って、天然理心流の近藤らと親しく交わるようになったのだろう。

文久三年（一八六三）三月、近藤らとともに新選組の創設に参加した原田は、副長助勤の幹部職につき、のち十番隊、七番隊などの組長を歴任する。勇猛果敢な原田は局長・近藤の信頼も厚く、新選組にとって欠かすことのできない戦力として重用された。

同年九月二十六日、長州のスパイとして隊内に入り込んでいた楠小十郎を斬殺。頭に四太刀も浴びせたあげくに首を斬って落としたという。

元治元年（一八六四）六月五日の池田屋事件では土方歳三隊に属していたため、現場への到着が遅れたが、到着後は遅れを挽回する働きをみせた。あまりの奮戦に、事件後、「原田は討死した」という噂がたったほどだった。

慶応二年（一八六六）九月十二日の三条制札事件でも原田は七番隊を率いて出動。みずから土佐藩士・藤崎吉五郎（ふじさききちごろう）と刃を交え、負傷しながらも藤崎を斬り倒す。

さらに翌三年十一月十八日の油小路事件では、御陵衛士・服部武雄（はっとりたけお）の豪剣に苦戦を強いられるが、最後は得意の槍で仕留めている。

近藤と対立、脱隊

そんな血なまぐさい戦いの日々をおくっていた原田にも、つかの間のやすらぎを与えてくれる女性があった。仏光寺通に住む町人の娘・まさで、二人は慶応元年（一八六五）に結婚し、鎌屋町に所帯を持った。新選組では色街の女性を囲って休息所に置くようなことは多かったが、堅気の娘を正式に妻にするというのは珍しかった。意外に家庭的な原田の一面をうかがい知ることができる。翌年には男の子が生まれ、茂と名づけられたが、慶応四年（一八六八）正月に始まった戊辰戦争のために、原田は妻子と離ればなれになってし

三条制札場跡（京都市中京区）

まった。

江戸退却後、近藤との意見の対立から、永倉とともに新選組を脱隊。新たに組織した靖共隊の副長にいったんは就任した原田だったが、なぜか途中で戦線を離脱し、単身江戸へ引き返した。その理由を盟友の永倉は「妻子の愛着にひかれたのだろう」と推測しているが、江戸はすでに新政府軍の手中にあった。

やむなく上野の彰義隊に加わり、五月十五日の戦いに参戦。そこで重傷を負い、本所猿江町の神保山城守邸まで退却するが、二日後に息を引き取った。享年二十九。

藤堂平助
大名の御落胤と噂された若き剣客

先駆け先生

伊勢国（三重県）の津藩主・藤堂和泉守の落胤だという噂がまことしやかに囁かれていたのが、美男で知られる藤堂平助。

そんな異色の出自を持つ藤堂が、いつ近藤勇の試衛館に出入りするようになったのかは、はっきりしていない。千葉周作が創始した北辰一刀流剣術を学び、目録を得たという以外に、藤堂の経歴はわかっていないのだ。

文久三年（一八六三）三月、近藤らとともに上京して新選組の創設に参加し、最初から副長助勤の幹部職につく。のち八番隊の組長となり、近藤の信頼できる戦力として働いた。

血気盛んな若者で、戦闘のときにはいつも真っ先に突撃した。それで周囲からは「魁（先駆け）先生」と尊敬を込めて呼ばれていたほどである。

元治元年（一八六四）六月五日の池田屋事件でも、藤堂は真っ先に斬り込んだ。同時に突入した沖田総司らとともに自慢の剣を振るい、浪士たちを追い詰めていったが、わずかの油断のすきに、物陰から飛び出してきた敵に眉間を斬りつけられた。幸いに致命傷にはならなかったが、流れ出る血が目に入って戦闘不能に陥ってしまう。

かたわらにいた永倉新八の助勢によって窮地を救われたものの、そこで残念ながらリタイアせざるをえなかった。翌朝、池田屋を引き揚げるときには、釣台（つりだい）に乗せられて壬生に帰ることになった。

大奮闘の藤堂の勇名は高まったが、皮肉なことに、この事件を最後に藤堂の活躍は新選組史上に現れてこない。なぜか、まったく影の薄い存在になってしまうのである。原因は山南敬助の死にあった。

広がる不信感

藤堂は池田屋事件後の八月、新入隊士募集の任務を帯びて単身江戸に下っている。彼の尽力によって伊東甲子太郎という大物が入隊するのだが、その後も藤堂は江戸に残り、引き続き隊士を集めることを命じられた。そして慶応元年（一八六五）五月、九か月ぶりに帰隊した藤堂に知らされたのは、兄とも慕っていた山南が自分の留守中に切腹したということだった。

隊を脱走したことが隊規にふれたというが、助命する気ならば、いくらでも理由はつけられたはずだ。どう考えても近藤、土方らにとっての邪魔者を都合よく処分したとしか思えなかった。しかも、それが山南ともっとも親しい自分の留守中におこなわれた。近藤らに対する不信感が急激に広がり、藤堂の「やる気」はすっかり失せてしまったのだろう。

代わりに伊東甲子太郎の尊王論に傾倒するようになった藤堂は、慶応三年（一八六七）三月、伊東らとともに御陵衛士を拝命して新選組を離脱した。名実ともに藤堂は新選組に別れを告げたのである。

ところが同年十一月十八日、衛士頭の伊東が新選組に謀殺される。遺体は七条油小路の

御陵衛士が屯所とした月真院（京都市東山区）

辻に放置してあるというので、それを引き取るため、藤堂ら七人は油小路に急行するが、これが新選組の仕掛けた罠だった。物陰に潜んでいた三十人ほどの隊士が一斉に躍り出て、藤堂らに斬りかかった。

　近藤はかねてから、

「藤堂は伊東と同盟はしているが、まだ若い有為の人材であるから、できるならば助けておきたい」

　と洩らしていたので、永倉などは現場から巧妙に藤堂を逃がそうとした。しかし、事情を知らない新入隊士の三浦常次郎が手柄欲しさに藤堂に斬りつけてしまう。

　全身に数太刀を受けた藤堂は刀を握りしめたまま、その場に絶命した。享年二十四。

山崎烝(やまざき すすむ)
多くの才を発揮した新選組の頭脳

うってつけの役職

山崎烝の名は新選組の密偵として有名だ。大坂の針医者の倅(せがれ)として生まれるが、武士になりたいばかりに剣術の修行をして、京に上って浪人のような生活をおくっていたという。

そのうち文久三年(一八六三)に壬生に誕生した新選組が隊士を募集していることを知ると、すぐにこれに応じて入隊した。ただし、初期の隊士名簿に山崎の名はなく、正確な入隊時期はわかっていない。

長く京坂に住んでいただけあって、山崎は大坂の地理や商人の消息に通じていた。それで、関東出身者が中核をなしていた新選組にとっては重宝な存在となり、そのために隊内で出世ができたのだ、などと陰口をたたく同僚隊士もいた。

山崎に与えられた役職は諸士調役兼監察といって、探索方と隊内の目付け役を兼ねた役目だった。当然のことながら、頭脳の優秀な者にしかつとまらないわけで、文筆の才や学問があったと伝わる山崎には、うってつけの役職だった。

そして、諸士調役兼監察・山崎烝の名は元治元年（一八六四）六月五日の池田屋事件によって、一躍有名になった。しかし、この事件で山崎が池田屋に潜入して大活躍したという話は創作であって、実際には事件直前の市中探索に尽くしただけに過ぎなかった。後世の作り話によって山崎の探索の腕がクローズ・アップされてしまったのは皮肉だが、事実山崎は探索方として有能だった。

慶応元年（一八六五）十一月、局長・近藤の広島出張に同行した山崎は、近藤ら一行が帰京した後も現地に残留。その後一年ばかりも広島に滞在して、長州藩の内情偵察に励んでいたのだ。山崎が現地から送った報告書が一通、現存しているが、近藤、土方のよほどの信頼がなければできる仕事ではない。

副長助勤へ昇格

背は高く色黒で、性格的には無口で地味だったが、与えられた任務に対しては文句ひとついわずにこなす忍耐強い男だった。それでも幕医の松本良順が屯所を訪れたときには、良順から西洋の救急治療法を習い、

「我は新選組の医者なり」

などとおどけてみせたりする一面もあった。

慶応三年（一八六七）になると、役職もそれまでの諸士調役兼監察から副長助勤へと昇格した。日頃の地道な働きぶりが認められたのだ。

また、このころの新選組は単なる戦闘集団ではなく、政治活動をも積極的におこなうようになっていた。その活動に欠かすことのできなかったのが山崎である。中山忠能（ただやす）、正親町三条実愛（おおぎまちさんじょうさねなる）、柳原前光（さきみつ）といった公卿のもとを訪問する隊士の人選では、いつも山崎の名が加えられていた。当時、幕府が直面していた長州征伐などの政治課題を論ずるには、山崎の学才がどうしても必要だったのだ。

しかし翌慶応四年（一八六八）一月、鳥羽・伏見の戦いが勃発する。五日の淀千両松の

激戦では多くの新選組隊士が斃れ、山崎も銃弾を受けて重傷を負ってしまう。大坂八軒家の京屋忠兵衛方までなんとか落ち延びたものの、そこで残念ながら絶命した。

一説に江戸へ退却する軍艦・富士山丸の中で息を引き取ったともいうが、確証はない。享年三十四、五という。町人の出身ながら、本当の武士よりも武士らしく生き、誠一字の旗のもとに散った人生であった。

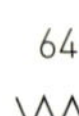

島田魁
怪力自慢の巨漢
武士の誇りを持ち続けた隊士

第一次隊士募集で入隊

島田魁は身長一八二センチで体重一五〇キロ、相撲取りのような巨漢であったという。美濃国（岐阜県）大垣に近藤伊右衛門の二男として生まれ、のち同藩の島田家の養子となるが、文久元年（一八六一）に脱藩して京都に上る。二年後の文久三年（一八六三）五月、新選組の第一次隊士募集に応じて入隊。すでに三十六歳になっており、若者が多かった新選組隊士のなかでは年長の部類に入るが、年下の近藤勇、土方歳三によく仕えた。

元治元年（一八六四）六月五日の池田屋事件のときには、諸士調役兼監察として京都市中を探索したほか、井上源三郎に率いられて池田屋内に踏み込んでいる。

慶応元年（一八六五）の組織改正にあたっては、島田は永倉新八を組長とする二番隊の伍長に就任する。この永倉とは、同じ心形刀流の坪内主馬道場の出身ということもあってか、息の合った仲だったようで、二番隊の組長と伍長という関係はその後も変わることなく続いた。

島田は巨体を生かした腕力の持ち主で、慶応三年（一八六七）十二月十六日、敵に内通していることが発覚した隊士・小林桂之助（こばやしけいのすけ）を捕らえ、土方の命令で首を絞めて殺害している。

また、翌四年正月に勃発した鳥羽・伏見の戦いでは、三日の伏見市街戦で島田らの二番隊が決死隊となって敵陣に斬り込んだ。ところが退却のとき、永倉の武装が重すぎて本陣の土塀を登ることができない。そこで島田が塀の上から銃を差し延べ、永倉を軽々と引き上げたという話がある。周囲の隊士たちはみな、その怪力にあらためて驚いたという。

厚かった土方の信頼

こうみていくと、島田は力自慢だけの男だったように思われがちだが、決してそうでは

島田が晩年守衛を務めた西本願寺の太鼓楼（京都市下京区）

ない。鳥羽・伏見の戦いにおける負傷者を横浜の病院に入院させるときなどは、島田が世話役として付き添っている。どんな任務でもきちんとこなす有能な隊士だったのだ。

土方の信頼も厚かったとみえ、同年四月に旧幕府脱走軍に身を投じたときには、島田以下六人の部下しか引き連れていなかった。しかも、島田以外の五人はみな新入りばかりであったから、土方が頼りにしていたのは島田ただ一人だったことになる。

旧幕府軍のなかでは軍監という要職につき、宇都宮戦争に活躍。会津では新選組本隊に復帰し、軍目をつとめている。さらに箱館に至っては、新選組頭取として隊を指揮した。

明治二年（一八六九）五月十五日に弁天台場で降伏後は名古屋県（のちの愛知県）に身柄を預けられ、明治五年になって釈放された。その後は京都に住み、晩年は西本願寺の守衛をつとめるなどして過ごした。

明治十三年頃のこととして、こんなエピソードがある。箱館政府軍の総裁であった榎本武揚はこのころ明治政府に出仕し海軍卿となっていたが、京都を訪れた際、島田の家に使いをやって、こういった。

「会いたいので、ご足労だが、宿までお越し願いたい」

榎本にしてみれば、戦友でもある島田に会って、久々に昔語りでもしようかという何気ない申し出だったのだろう。しかし、旧敵である新政府の高官となって立身出世を遂げている榎本を、島田はどうしても許すことができなかった。

「会いたいのなら先方より出向くのが礼儀。行く必要はない」

そういって、榎本の申し出をきっぱりと断ったのだった。

最後まで武士の誇りを持ち続けた島田魁は、明治三十三年、七十三歳で没した。

伊東甲子太郎(いとうかしたろう)
新選組を裏切った文武両道の達人

悲劇を生んだ入隊

新選組を裏切った「策士」として名高い伊東甲子太郎は、文武両道の達人だった。常陸(ひたち)国（茨城県）志筑(しづく)の出身で、本名は鈴木大蔵(おおくら)。若年のころに水戸に出て、神道無念流の剣術を修行するかたわら、尊王攘夷思想で知られる水戸学を学んだ。

のち江戸に出て、深川佐賀町に北辰一刀流剣術の道場をひらく伊東誠一郎に入門するが、師の伊東が病死したため、遺言によってその一人娘・うめの婿となり、道場の跡目を継ぐことになった。

この鈴木あらため伊東大蔵のもとに、新選組加盟の誘いが掛かったのは元治元年（一八六四）八月のことだった。かつての門人の藤堂平助の紹介で、伊東は近藤勇と対面。その場で同志七人を引き連れての入隊を約束する。

尊王攘夷思想にあつかった伊東が、佐幕の先鋒である新選組に入隊するというのは一見矛盾しているようだが、尊王攘夷というのは新選組にとっても共通したスローガンだった。そのあたりの解釈をあいまいにしたまま入隊を決めてしまったことが、のちの伊東の悲劇を生む原因となる。

この年の干支（えと）にちなんで名を甲子太郎と改めた伊東は十月に上洛し、新選組に入隊。まもなく、参謀という新設のポストについた。文字通り、局長・近藤の参謀役としての活躍が期待されていたのである。

しかし、新選組の実情は伊東の想像していたものとはやはり違っていた。尊王攘夷とは名ばかりで、その実態は幕府の走狗（そうく）と呼ばれても仕方のないものだった。それでも新選組には脱退を禁じた隊規があるため、伊東らは不本意ながらも隊に留まらざるをえなかった。

在隊中のある日、こんな事件があった。伊東が江戸に残してきた妻女のうめが、独り身の寂しさに耐えきれず、「常陸の母上が大病との知らせがあった」という偽りの手紙を京都の伊東にあてた。伊東は驚き、飛ぶようにして江戸へ帰ったが、母の病気というのが嘘とわかり、激怒していった。

「いやしくも偽るということはよくない。汝ごときは自己のみを知って、国家の重きを知らぬものだ」

そのまま、うめに離縁状を渡し、さっさと京へと立ち帰ってしまった。冷たい男のようにも思えるが、それだけ真剣に国事を考えていたのだともいえるだろう。

策士・伊東の最期

新選組に在隊すること二年余り。慶応三年（一八六七）三月になって、ようやく伊東ら十三人は孝明天皇の御陵衛士となって新選組を外部から応援するという口実を考え出し、隊を脱することに成功した。

はれて尊王運動に尽くすことができるようになった伊東だが、なにしろ、二年間も新選組の最高幹部をつとめていた男である。尊王方のなかには、伊東らを新選組のまわし者ではないかと疑う向きもあった。

　そこで伊東は嫌疑をはらすため、ひそかに近藤の暗殺を計画する。それを手土産にして、名実ともに尊王派の一員になろうとしたのである。ところが、この計画は新選組から御陵衛士にスパイに入っていた斎藤一によって、新選組側に通報されてしまう。

　怒った近藤、土方は逆に伊東を言葉巧みに近藤の妾宅（しょうたく）までおびき出し、したたかに酔わせたうえで、帰り道を襲った。物陰から躍り出た大石鍬次郎（おおいしくわじろう）の槍が伊東の首筋を右から左に貫いたとき、初めて伊東は自分の油断に気づいたことだろう。策士・伊東としては、あまりにあっけない最期であった。享年三十三。

伊東甲子太郎最期の地（京都市下京区・本光寺）

武田観柳斎
兵学に通じた新選組の〝軍師〟

池田屋事件で活躍

新選組の「軍師」として、羽振りをきかせていたのが武田観柳斎。故郷の出雲国（島根県）母里藩の医者であった武田は、甲州流兵法に通じた兵学者でもあった。文久三年（一八六三）冬ごろに新選組に入隊すると、この兵学の知識を買われ、すぐに隊の幹部である副長助勤に登用されている。のち六番隊、五番隊の組長を歴任したほか、隊の兵学および文学師範をつとめた。

無学者の多い新選組では、武田のような人材はとても貴重な存在だった。この武田の采配で、月に六日、壬生寺の境内で兵法の調練もおこなわれた。

ただし武田の特技はそれだけではない。きわめて弁舌の巧みな男で、ふだんから局長・近藤勇に取り入るために媚びへつらうようなことが多かった。

「新選組は局長である貴殿のものです。我々は家臣として仕えましょう」

こんなおべっかを平気でいったりするため、内心では武田を嫌う者は多かった。

剣術のほうは不得手であったと伝わるが、元治元年（一八六四）の池田屋事件にあっては、六月五日早朝に首謀者の一人、古高俊太郎を捕縛する手柄を立て、その夜の斬り込みに際しても、近藤勇が直接率いる一隊に属して、池田屋に真っ先に到着する。

武田はもっぱら出入り口を固めていたようだが、土方歳三隊が到着すると、それに勇気づけられて屋内へ踏み入った。するとそこへ、天井の上に隠れていた浪士が一人、板が破れて二階から落ちてきたので、武田はこれを斬り捨てて手柄とした。

また慶応元年（一八六五）八月八日、蹴上村の奴茶屋で金策を強要した薩摩藩士・橋口四郎らを捕縛するため、武田の隊が出動。乱闘となり、橋口を斬り倒した。もちろん、斬ったのは配下の隊士であったろうが、武田も刀を斬り折られる奮戦をしている。下手なりにがんばっていたのだ。

同志を裏切り斬殺

ところで、この武田には困った部分がまだあった。いわゆる同性愛者で、隊内の風紀を乱していたのである。

相手はやはり隊士の馬越大太郎（三郎）といい、まだ十六歳。隊中美男五人衆の一人にあげられる美少年だった。

これに武田が惚れてしまったのだが、馬越のほうにその気はない。とんだ問題の発覚に、近藤も頭を悩ませたが、土方の配慮で馬越は除隊扱いとなり、事件は一応落着した。なんとも人騒がせな武田であった。

さて、慶応年間も後半になると、幕府が西洋式の兵法を採用することになり、それにともなって新選組でも甲州流を廃止して洋式に改めようという動きが出てきた。

頼みの甲州流が用いられなくなっては、自分の存在価値がなくなってしまう。そう危惧した武田は新選組に見切りをつけ、慶応二年（一八六六）十月、隊を脱走して倒幕派への接触をはかった。

脱走した者も、京都から遠く離れた地方に逃げたならば新選組の追及も及ばない。しかし、武田の場合はそうはしなかった。京都にとどまり、倒幕派に加わって活動しようとしたのである。

そんな行為を許しておく新選組ではない。脱走後も武田の行方を探し続け、翌慶応三年（一八六七）六月、ついにその所在を突き止めた。そして二十二日夜、身柄を拘束して屯所まで連行する途中、竹田街道の銭取橋（ぜにとりばし）の上で斬殺してしまった。

恐怖にかられた武田が逃亡をはかろうとしたのだろうか。肩先から大袈裟に斬られた武田は即死、あわれな最期を遂げたのだった。

芹沢鴨(せりざわかも)
酒におぼれた壬生浪士筆頭局長

水戸の天狗連

新選組がまだ壬生浪士と称していたころ、筆頭局長として重きをなしていたのが芹沢鴨だった。

常陸国(茨城県)水戸の出身であることはわかっているが、生家は郷士の芹沢家とも、神職の下村家とも伝えられる。水戸にいるころは下村継次(つぐじ)の名で尊攘運動に尽くし、天狗連(のちの天狗党)の主要人物として活躍した。

剣術は神道無念流(しんとうむねん)を戸ケ崎熊太郎に学び、免許皆伝の腕前だったが、ある日、意見の対立から同志三人を斬殺してしまい、投獄された。幸いに文久三年（一八六三）正月に清河八郎の発案による大赦がおこなわれ、自由の身になると、清河の浪士組に参加して京都に上った。

このとき試衛館の近藤勇らと出会ったことから、上洛後も行動をともにすることになる。清河の方針に反対した近藤らが、浪士組を脱退して京都に残ることを決めたときも、

「われらは京に花見をしに来たのではない」

といって、最初に残留を主張したのは芹沢だった。その意味では、新選組創設の最大の功労者はこの芹沢であったということもできるだろう。

会津藩お預かりの警察組織として壬生浪士を組織すると、近藤とともに局長に就任。ただし二人の力関係から、おのずと芹沢が筆頭の座についた。そして水戸のころからの同志、新見錦（にいみにしき）、平山五郎（ひらやまごろう）、平間重助（ひらまじゅうすけ）、野口健司（のぐちけんじ）らと芹沢派を構成し、隊内では近藤派をしのぐ勢力を持つようになった。

酒ぐせが悪く自滅

しかし、この芹沢には大きな問題点があった。それは極度の酒好きで、酔うと人が変わ

ったように粗暴になるということだった。そのため、京都市中で乱暴をはたらいて壬生浪士の評判を落とすことが多く、近藤らを困らせた。

酒を飲んでいないときは陽気な人のいい人物だったともいうが、毎日、酔っていないときのほうが少ないようなありさまではどうしようもない。会津藩主・松平容保もついに耐えかねて、芹沢を処分することを近藤らに命じたのだった。

九月十八日、隊の宴会終了後に泥酔して屯所で寝込んだところを土方歳三、沖田総司らに襲撃され、さすがの芹沢もあえない最期をとげた。それほど酩酊した状態でありながら、芹沢の剣は沖田に軽傷を負わせたというから、酔っていなければ刺客は返り討ちにあっていたかもしれなかった。その意味で、好きな酒に飲まれてしまい破滅への道をたどったことは、芹沢のために惜しまれる。享年は三十四（三十二、三十七とも）。

芹沢の死の直後、壬生浪士は新選組という新しい名を会津藩から与えられた。功労者の芹沢は、その栄光の隊名を知ることなく、この世を去ったのである。

壬生寺にある芹沢鴨と平山五郎の墓（京都市中京区）

第二章 土方歳三と剣

歳三と剣術
そして愛刀の秘話

近年、刀剣ブームで注目を集める土方の愛刀「和泉守兼定」。代々続く名刀工の作だが、土方の愛刀は何代目兼定の手によるものか。

また、土方が十七歳で天然理心流に入門したという定説は史料によって覆された。では、近藤と土方の出会いは何歳のときなのか？　真実に迫る！

土方歳三と天然理心流

土方歳三は十代の頃に二度江戸に奉公に出たが、いずれも長続きせずに実家に帰ってきてしまったというのが、よく知られている通説である。

しかし近年、石田村の「宗門人別書上帳」が発表されたことで、通説の矛盾が明らかになった。「宗門人別帳」とは、宗門改めと人別改めを複合し、村ごとに作成して領主に提出した江戸時代の基礎台帳。つまり現代の戸籍に近いものである。

そして、これによると歳三は、嘉永元年（一八四八）三月、十四歳のときから、安政四年（一八五七）三月、二十三歳のときまで、なんと九年間、奉公をつとめ続けていたことになっているのだ。「宗門人別帳」は毎年三月時点で作成されることになっていたから、あるいは年度途中で解雇されたあと、同年度内にふたたび働きはじめたことも考えられるが、それにしても通説とはずいぶん違う歳三の勤務状況である。

従来の伝承と、いったいどちらが真実を語っているのか。それはいうまでもない。リアルタイムに書かれた記録を同時代史料というが、歴史を調べる場合になによりも重視されるのが同時代史料であり、後世に書かれたものや伝承的なものは、同時代史料を補足する程度のものでしかない。

したがって、歳三が奉公をつとめた年齢や期間は、従来の説を大幅に見直さざるをえなくなったのである。

実際には奉公を中断した時期はあったかもしれないが、すぐに再勤し、都合九年間の商家奉公をつとめあげた歳三。短気なせいで、ものごとが長続きしないという従来のイメージは、あらためられる必要があるだろう。

そして、歳三が商家で奉公していた期間が十四歳から二十三歳までだったとすると、もう一つ通説をあらためなければならない部分が出てくる。

それは、天然理心流に入門したのが十七歳とされている点だ。小島鹿之助の『両雄士伝』に書かれていることだが、十四歳から二十三歳まで奉公に出ていたならば、十七歳での入門は無理といわざるをえない。

剣術の稽古ぐらい、奉公の合間にもできるだろうと思われる向きもあるかもしれないが、当時の奉公人というのはそんなに甘いものではなかった。毎日ほとんど休みもなく働かされた奉公人の生活のなかで、剣術に費やす時間があるとは考えられないのである。

歳三が剣術をはじめたのは、やはり奉公の年限が明けて日野に帰った二十三歳以降のこ

洋装の土方歳三（佐藤彦五郎資料館蔵）

と考えるのが妥当だろう。

すると、それにぴたりと符合する記録が目につく。安政六年（一八五九）三月、二十五歳のときに天然理心流に入門したという門人帳（神文血判帳）の記録だ。

従来この門人帳の記載は、歳三が再入門したときのものなどと解釈されていたが、十七歳入門説が否定された以上、別の解釈がなされるべきだろう。それは、歳三は二十五歳で初めて天然理心流に入門し、剣術を学びはじめた——ということだ。

もっとも、歳三には自己流で剣術をやっていた時期というのがあるので、それは二十三歳から二十四歳までのことではなかったか。

土方家では、打ち身、捻挫（ねんざ）などに効く石田散薬という薬を副業で製造販売しており、歳三はこれをつづらに入れて行商に出ていた。西は甲府（山梨県）から南は伊勢原（神奈川県）、北は川越（埼玉県）方面まで、得意先を一軒一軒まわるのだが、ただ売り歩くのではなく、つづらの上にはいつも剣術道具一式がくくりつけられていた。

それで、行く先々に剣術道場があると、飛び込んで試合を申し込み、自分の腕をためした。そんな武者修行のようなことを、行商のついでにやっていた歳三だった。

そうして自己流ながら実戦で剣術を覚え、二十五歳のときに天然理心流に入門して、正

旧佐藤彦五郎邸（東京都日野市）

式に剣術を学びはじめたと思われるのである。

修行の場は、日野の義兄・佐藤彦五郎の屋敷だった。当時、佐藤家には江戸の試衛館から、近藤周助や養子の勇が出稽古に来ていたので、歳三はその指導を受けた。

従来は、歳三が勇と出会ったのは十七歳で入門してすぐのことと見なされていたが、入門が二十五歳のときとなれば、二人の出会いもそれ以降のことと判断せざるをえない。現に、彦五郎の日記に歳三が登場するのは、万延元年（一八六〇）五月九日の項に、「去ル四日、近藤勇先生参り、今日石田歳蔵同道、八王子より五日市へ行」と記されたのが最初である。歳三、二十六歳のときだった。

同年配の二人は出会ってすぐに意気投合し、無二の親友となった。そればかりか、『三国志』の故事にならって、二人は義兄弟の契りを交わしあったという。この関係は、のちのちまでも変わることなく続けられた。

剣士としては遅いスタートを切った歳三だったが、以後はその遅れを取り返そうとするかのように剣術修行に打ち込んだ。もともと運動神経がよかったものか、数年のうちにめざましい進歩をとげることになった。

最終的には文久二年（一八六二）九月、二十八歳のときに天然理心流の中極位目録を与えられている。中極位目録というのは、免許皆伝の一歩手前の段階で、かなりの腕前であったことを証明している。

ふつうは入門してから六、七年ほどかかるといわれているが、歳三の場合、わずか三年間で一気に到達した。これまであまり注目されていなかった歳三の剣才だが、実は相当なものであったことがうかがえよう。

ちなみに中極位目録を取得した翌年には、歳三は浪士組に加わって京都に上ることになる。そういうことがなければ、さらに数年のうちに免許皆伝に至ったであろうことは間違いなく、その点を加味した上で歳三の実力は評価したい。

土方歳三と和泉守兼定

土方歳三の刀が、「和泉守兼定」であったことはよく知られている。その証拠とされているのは、文久三年（一八六三）十月二十日付の近藤勇の手紙にそうした記載があることと、歳三の生家の土方家に兼定銘の刀が現存していることの二つである。

まず、近藤の手紙には次のように記されている。

「土方氏も無事にまかりあり候。ことに刀は和泉守兼定二尺八寸、脇差（わきざし）は一尺九寸五分堀川国広――」（十月二十日付　佐藤彦五郎あて近藤勇書簡）

確かに歳三が和泉守兼定を所持していることが、近藤の筆で明記されている。二尺八寸は約八十五センチで、通常よりも長めということができる。

この兼定は残念なことに現物が残っていないのだが、もう一つの証拠である土方家に現存する兼定は、刀身の中子に次のような銘が切られており、正真正銘の兼定の刀である。

表「和泉守兼定」

裏「慶応三年二月日」

こちらは銘に刻まれたとおり、慶応三年（一八六七）二月に作成されたことがはっきりしているので、近藤の手紙に記された刀とは明らかに別ものということになる。それに、こちらのほうは刀身の長さが二尺三寸（約七〇センチ）と短めであり、その点でも二本の兼定は同一ではない。歳三は、最低でも二本の兼定を持っていたのである。

　ところで兼定という刀工は一人ではない。世襲名として、代々の当主が兼定を名乗っていた。歴代の兼定を次に整理してみよう。

美濃（岐阜県）の関は、室町時代のころから優秀な刀工が集まり、備前（びぜん）（岡山県）に次ぐ刀の産地として知られるようになった。兼定はその代表的な刀工で、初代兼定は室町中期の享徳（きょうとく）年間（一四五二〜）ごろから作刀した。

　初代の養子となって跡を継いだのが二代目兼定で、明応（めいおう）年間（一四九二〜）ごろから鍛刀し、永正（えいしょう）年間（一五〇四〜）初めには朝廷から「和泉守」の称号を受領した。当時の優秀な刀工は、朝廷の御用をつとめる神聖な役目の者として、守、介、掾の受領名を与えられる慣わしがあり、二代兼定はそれに値する名刀工と認められたのだった。

　この二代目は、刀銘を切るときに「定」の下部を「之」と切るくせがあり、その書体から「之定（のさだ）」と呼ばれて区別された。二代目は、歴代の兼定のなかでも随一（ずいいつ）の名刀工であったことから、「之定」の名声はそののち幕末に至るまでも刀剣界に鳴り響いたのである。

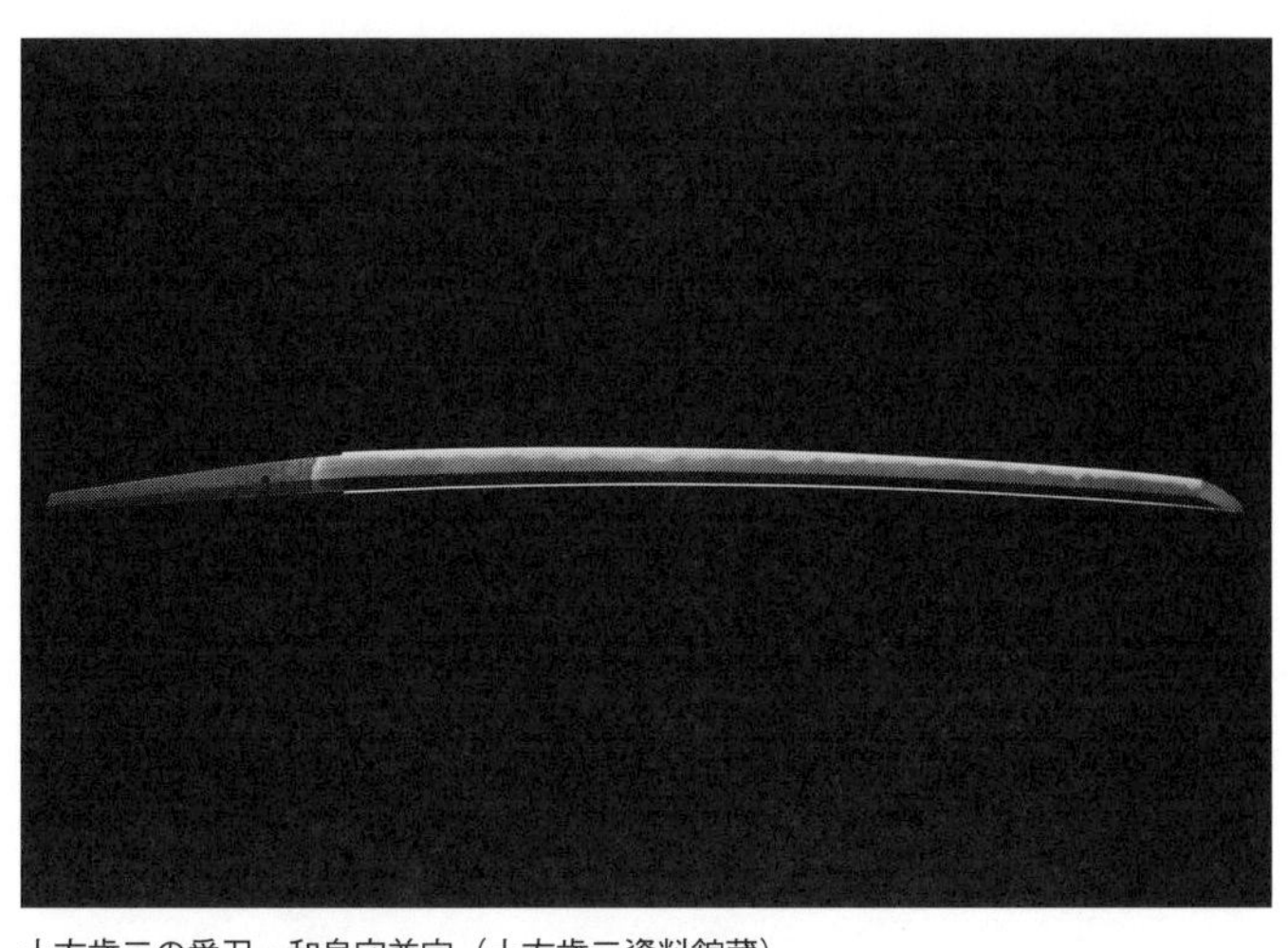

土方歳三の愛刀・和泉守兼定（土方歳三資料館蔵）

二代目の跡を継いだ養子の三代目も実力はあったが、二代目ほどではなく、「定」の下部を「疋」と切るくせにより、「疋定」の名で知られた。

以上の三代が美濃・関の兼定である。四代目は本名を古川孫四郎といったが、この孫四郎が陸奥・会津に移住し、以後は会津で作刀するようになった。

これにより関の兼定は系譜が途絶え、四代目の孫四郎が会津兼定の初代ということになったのである。

以後、会津兼定は江戸時代を通して代を重ね、幕末には土方歳三の二歳年下の古川友弥が十一代目となっていた。はじめ兼元と称して国許で作刀していたが、藩主松平容保が京都守護職を拝命して京都に上ったため、文久三年（一八六三）七月に名を清左衛門と改めて上京した。

実力的にきわだったものがあったのか、それとも朝廷のお膝元にやってきたことがよかったのか、同年十二月四日、清左衛門は先祖と同様の「和泉守」に任じられ、正式に兼定を名乗って十一代目となった。受領文書は次の通りである。

藤原兼定
正二位行権大納言藤原朝臣俊克
宣奉　　　勅件人宜令任
和泉守者　　　　　　　　　　奉
文久三年十二月四日大外記兼助教中原朝臣師身

さて、ここで私たちは大きな問題に直面する。会津十一代兼定が、朝廷から「和泉守」を受領したのは、右のとおり文久三年十二月四日のことだった。しかし、歳三が和泉守兼定を所持していると近藤が手紙に書いたのは、同年十月二十日のことなのだ。

つまり、近藤が手紙を書いた時点で、十一代兼定はまだ和泉守を受領していないのである。これはどういうことか。

わずか二か月ほどの差に過ぎないのだから、正式に受領する前に一足早く和泉守を名乗ってしまったとも考えられるかもしれない。しかし、朝廷という絶対的権威の前に、そういうことはできるものではない。受領の十二月四日まで、和泉守兼定を名乗ることは実際、不可能なのである。

ならば、手紙に書かれた和泉守兼定は先代なのか。それも正しくない。和泉守を受領した者は、十代に及ぶ会津兼定のなかには一人もいないからだ。

和泉守を受領した兼定といえば、会津十一代のほかには過去にたった一人しか存在しない。

それは、関の二代、「之定」と呼ばれたあの名刀工である。

すなわち歳三は、文久三年十月の段階で、「之定」を所持していたのだ。

こう書くと、「之定」は古刀の名刀で高価なものであるから、歳三程度の者が持てるはずがないといった声もあがることだろう。しかし、歳三は仮にも新選組の副長だ。

刀を生業(なりわい)にする新選組の、しかも副長が、高価な刀を持っていることは決して不思議なことではないだろう。たとえ自力で購入することができなかったとしても、歳三の立場であれば、贈答を受けることもありうる。たとえば会津藩から褒賞として贈られるようなことも考えられるのである。

小説『燃えよ剣』で歳三の佩刀として描かれた「之定」を、フィクションなどではなく、本当に土方歳三が所持していた。この驚くべき事実を、ここに明記しておきたいと思う。

それともう一つ、同時期に所持していたと書かれた脇差が「堀川国広」だったことも重要になる。

堀川国広は、慶長年間（一五九六〜）に京都一条堀川に住んで鍛刀した新刀初期の名工で、慶長十九年（一六一四）に没した。作刀のかたわら多くの門人を育て、堀川一門の名をあげたが、「堀川国広」と称する刀工は初代の一人だけだった。

そのため、堀川国広の刀は価値が高く、和泉守兼定以上に高価な刀とされているのである。試みに、平成の現在の和泉守兼定（之定）の価格を調べてみると、約一六五〇万円とあり、同じく堀川国広は約二五〇〇万円（大刀の場合）となっている。

これらは骨董としての価値が加味された価格であるから、幕末にこれほど高価なことはない。ただ、脇差が事実堀川国広だったとすれば、大刀が幕末期の会津十一代兼定（約六百万円）では少々バランスが悪いのだ。

武士が帯びる両刀にはおのずと釣り合いが必要であり、堀川国広の相棒には、やはり「之定」こと関の二代、和泉守兼定こそがふさわしいとあらためて感じるのである。

第三章

池田屋事件の真実

池田屋事件をめぐる五つの誤解

京都放火計画を企む浪士たちを討つため、近藤隊は池田屋へ、土方隊は四国屋へ……。往年の新選組ファンなら当たり前のような場面だが、実は土方隊は四国屋へ向かったのではなかった。近年の研究で明らかになった、池田屋事件にまつわる五つの誤解を解く。

池田屋事件とは

新選組の歴史のなかでも最大の捕り物となった池田屋事件は、元治元年（一八六四）六月五日に起こった。かねてから、尊王派の浪士たちが密かに京都市中に潜伏しているとの情報を得ていた新選組は、この日の午前七時ごろ、四条小橋西入ル真町で薪炭商を営む桝屋喜右衛門方を捜索した。

現場に向かったのは、副長助勤の武田観柳斎以下七人。彼らが桝屋に踏み込んだときには浪士の姿はなかったが、邸内からは大量の武器弾薬や往復書簡が発見された。そのなかには、「烈風を機会とする」などと書かれた断簡も見つかり、浪士たちが不穏な企てをもくろんでいることは一目瞭然だった。

新選組は、ただちに主人の喜右衛門を壬生の屯所まで連行し、一味の者の陰謀がどのようなものであるのかを厳しく問いただした。局長・近藤勇、副長・土方歳三が直々に取り調べた結果、数時間後にようやく喜右衛門が自白した内容は次のようなものだった。

それは、自分の正体が近江出身の浪士・古高俊太郎であることと、来る六月二十日前後の風の強い日に、御所の風上に火を放ち、混乱に乗じて公武合体派の中川宮を幽閉し、京都守護職・松平容保を殺害、さらに孝明天皇を長州へ連れ去るという、驚くべき計画だった。

しかも、計画実行のための同志が数十人、すでに京都市中に隠れ住んでおり、近く、市中の某所で集会が開かれる見込みであるという。京都の治安を守ることが任務の新選組としては、早急な対応策をとる必要に迫られたのである。

真実① 山崎烝は池田屋に潜入していなかった

この緊急事態に対して近藤は、ただちに新選組総員を出動させて市中の一斉捜索をおこなうことを決意した。同時に状況を会津藩本陣に通報し、所司代（しょしだい）、町奉行所なども含めた援兵の派遣を依頼した。

当時の新選組の隊士数は四十二人。そのうち病気などの理由で動けない者が六人、混乱にまぎれて脱走した者が二人あったので、出動できる人数は三十四人に過ぎない。たったそれだけの人数で、浪士が潜伏していそうな所を片端から調べていかなければならないのだから、捜索活動は困難をきわめた。

このとき、隊士で諸士調役兼監察の山崎烝を、三条小橋の旅籠（はたご）池田屋にあらかじめ潜入

古高俊太郎邸跡地。現在は「志る幸」という京料理店に

させておき、山崎の手引きによって、池田屋に斬り込んだ新選組が勝利を得ることができたという説がある。西村兼文の『壬生浪士始末記』に記されたものだが、これはとうてい事実とは考えられない。

当夜の新選組の行動を見る限り、浪士の潜伏先が池田屋であったと判明していた形跡はまったくなく、市中を何時間もかけて捜索したあげくにようやく突き止めたのが池田屋であったことは明らかなのだ。

それに、事件後に隊士一同に与えられた報奨金の一覧表には、肝心の山崎の名が記されていない。山崎は、池田屋に潜入どころか、事件そのものに参加していなかったと考えざるをえないのである。『壬生浪士始末記』は新選組の基本史料として貴重な本だが、この部分は創作であったとみなさざるをえないだろう。

真実② 土方隊が向かったのは四国屋ではなかった

夕刻、壬生の屯所から目立たないように少人数ずつ出発した隊士たちは、いったん祇園町会所に集結し、そこで武装を整えながら援兵の到着を待った。ところが、約束の時刻が近づいても援兵は一向に姿を現さない。

しびれをきらした近藤は、新選組単独で市中捜索をおこなうことを決め、午後七時ごろに町会所から出動した。捜索を効率よく進めるため、隊は近藤以下の十人と、土方以下の二十四人に分けられ、近藤隊は鴨川の西側、土方隊は同じく東側を受け持つことになった。土方隊のほうが人数が多いのは、鴨川東には祇園という繁華街があり、捜索にも人数を必要としたからであっただろう。

俗に、土方隊が向かったのは四国屋（しこくや）という旅籠で、そこに敵がいなかったため、急ぎ土方らは池田屋の近藤隊に合流したといわれている。しかし、四国屋の所在地は実際には木屋町三条上ルであって、鴨川の西側にあたるばかりか、池田屋から歩いてもすぐの至近距離になるのだ。

そんな場所に、手を分けて踏み込む必要などなく、そもそも良質の史料には土方隊が向かったのが四国屋であるとはどこにも書かれていない。近藤が事件直後に書いた手紙にも、「右徒党の者、三条小橋、縄手、二箇所にたむろいたしおり候ところ——」とあり、土方隊の行き先が鴨川東の縄手方面であったことはもはや疑いの余地がないのである。

真実③　近藤の養子・周平は近藤隊に属してはいなかった

捜索開始から三時間後の午後十時ごろ、近藤隊は三条小橋西入ルの池田屋にたどり着いた。この池田屋は長州藩の定宿として使われていた旅籠だったから、当夜の要注意地点には違いなく、近藤も慎重に取り調べをおこなった。

十人の隊士のうち、表口と裏口の固めに三人ずつを配置して、屋内へは近藤、沖田総司、永倉新八、藤堂平助の四人が踏み込んだ。いずれも腕利きの四人であり、危険な斬り込みには打ってつけの顔ぶれだった。

このことについて、当の近藤の手紙には、右の四人に加えて、「養息周平（しゅうへい）今年十五歳、右五人にござ候」と記されていて、養子・近藤周平を含めた五人が池田屋に最初に突入したことになっている。手紙の宛先は江戸の養父・近藤周斎らであったから、事実と違うことを書くとも思われず、周平も突入メンバーの一人とする見方が以前は有力だった。

しかし、前述した事件後の報奨金一覧表によれば、周平の名は二十両を下されている沖田、永倉、藤堂と同列にはなく、土方隊の松原忠司（まつばらちゅうじ）らとともに十五両を与えられているという実態がある。そうであるならば、周平が近藤隊に所属していたとは考えにくく、近藤の手紙が事実を語っていないということになるのだ。

おそらく近藤は、養子の周平が有能な人物であると、父・周斎に認めてもらおうとしたのだろう。手紙には養子の件について、「ご相談申し上げるべきはずにそうらえども、この段行き届かね――」という部分があり、周斎に相談なしに養子縁組を進めていたことがわかる。そうした負い目があったから、近藤はことさらに周平の活躍を伝える必要に迫られ、事実とは違った報告をすることになってしまったに違いない。

真実④　近藤は表階段を上ったのではなかった

池田屋の屋内に踏み込んだ近藤は、主人の惣兵衛に向かって、「御用改めである」と大声で言い放った。これを聞いた惣兵衛は、あわてて二階へ続く階段に駆け寄り、「みなさま、旅客調べでございます」と危機を報じた。これで二階に浪士が潜伏していることを知った近藤は、惣兵衛をその場に殴り倒し、階段を駆け上ったのだった。

この階段について、従来は入り口を入ってすぐの表階段であると考えられていたが、永倉の『七ヶ所手負場所顕ス』という手記に、

「亭主驚き奥へ馳せ込み、跡をつけて行く。二階上がり、長州藩に御用御改めと申す」

とあり、同じく『浪士文久報国記事』にもこのように記されている。

「亭主驚き奥の二階へ去り、跡をただちにつけ参る」

これらの記述によれば、惣兵衛はまず一階の奥のほうに去ってから、二階への階段を上がったと解釈されるのだ。実際に池田屋には土間を通り抜けたところにもう一つ階段があり、近藤はこの裏階段を上ったということになる。

確かに、近藤の上ったのが表階段であると明記した史料はない。また、襲われた側の浪士たちの多くが裏二階のひさしから裏庭に飛び降りたという記録があり、そのことからも、浪士の集まっていた部屋じたい、二階の奥のほうにあった可能性が高いのだ。

考えてみれば、秘密の会合をおこなうのに、表階段を上がってすぐのところにある部屋を使うのは上策ではない。もしものときのために、裏口から逃亡しやすいような部屋、すなわち裏階段から続く二階奥の部屋に、浪士たちが集まっていたとみるのは、ごく自然なことといえるのである。

真実⑤　池田屋の屋内は暗くなかった

戦闘を開始した近藤らを悩ませたのは、池田屋の屋内の暗さであったといわれていた。

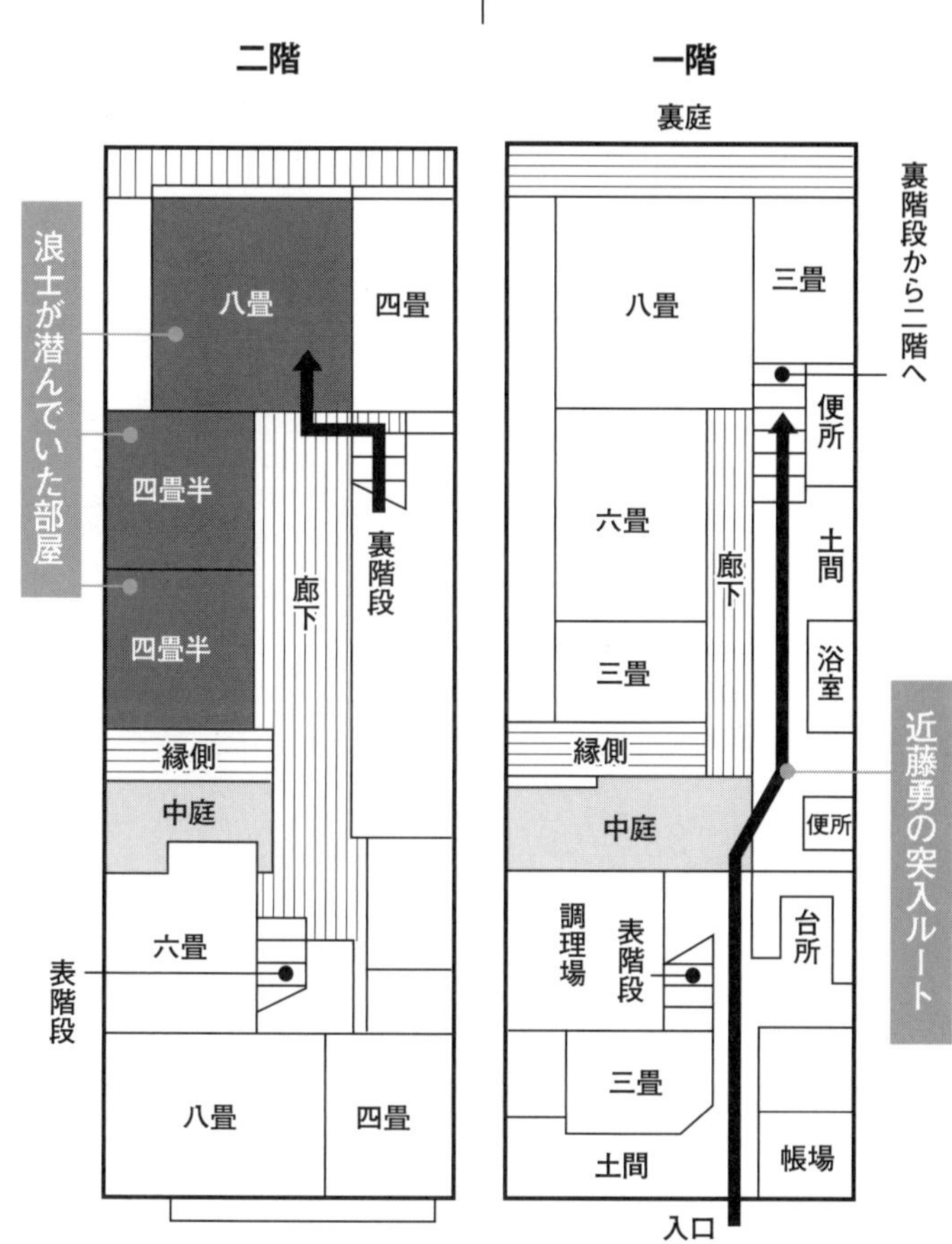
二階
一階
裏庭
浪士が潜んでいた部屋
八畳
四畳
四畳半
四畳半
廊下
裏階段
縁側
中庭
六畳
表階段
八畳
四畳
裏階段から二階へ
三畳
八畳
便所
六畳
廊下
土間
三畳
浴室
近藤勇の突入ルート
縁側
中庭
便所
調理場
表階段
台所
三畳
土間
帳場
入口

池田屋見取図

新選組の襲撃から身を隠すため、浪士たちはまず部屋の灯りを吹き消したはずであるから、あたりは一面の暗闇になっていたというものである。

しかし、それは成り立たない説であることに、少し考えれば気がつくだろう。というのは、浪士たちが消すことのできるのは、あくまでも二階の自分たちがいた部屋だけなのであって、屋内のほかの部屋まで手をまわすことは不可能であるからだ。

この想定は、永倉の『浪士文久報国記事』によっても裏付けられることになった。当夜の戦闘はおもに一階でおこなわれていたが、そこは明々と灯りに照らされていた、というのである。「下には八軒（間）の灯りこれあり、それゆえにおおきに助かり——」という部分だ。

ここでいう「八間」とは、平たい大型の釣行灯のことで、天井などに吊して広い部屋を照らした。旅籠などの人が多く集まる場所でよく使われていたという。これが当夜も灯されていたため、近藤らは存分に戦うことができたのである。

戦闘のさなかに沖田が肺結核を発症して喀血し、藤堂は敵に眉間を割られる重傷を負っていたが、やがて土方隊が池田屋に到着した。ただちに井上源三郎が十人の隊士を引き連れて屋内に突入、土方は残る十二人を指揮して屋外を固め、浪士の逃亡を阻止した。

深夜零時ごろ、池田屋における戦闘は終了し、そのあと新選組は、ようやく現場に現れた諸藩兵とともに翌朝まで市中の掃討戦をおこなった。結果的に討ち取った者は八人、捕縛した者は関係者を含めて二十余人に及んだ。

こうして池田屋事件は新選組の完全勝利に終わり、その名を天下に轟かせることになったのである。

隊士たちの阿吽の呼吸が勝敗を決めた

集団戦に勝利するために最も重要な要素は、チームワークにほかならない。新選組は個々の隊士の実力もさることながら、このチームワークを重視していた集団であり、それは元治元年（一八六四）六月五日に起きた池田屋事件においても存分に発揮されていた。

なぜ近藤隊は十人で、土方隊は二十四人なのか

六月五日朝、桝屋喜右衛門こと古高俊太郎を捕縛した新選組は、京都市中に一味の浪士が数十人潜伏していることを知り、彼らを一網打尽にするために出動態勢に入った。いったん祇園町会所に集合して全員武装を整え、そこから市中に繰り出して不逞浪士の居所を捜索しようというのである。

ここで、捜索の効率を考えて、当夜の出動可能隊士三十四人が二つに分けられた。京都の町は、南北に流れる鴨川によって東西に分断されているため、双方への行き来は簡単ではない。それでまず、隊を大きく二分する必要があったのだ。

もちろん二隊を率いるのは、新選組の両巨頭である局長・近藤勇と副長・土方歳三で、鴨川の西側を近藤、東側を土方が受け持つことになった。隊士の配分は近藤隊が十人、土方隊が二十四人となっていて、一見バランスが悪いようにも思われるが、これは土方隊が実は二隊分の人数を抱えていたためだった。

土方隊の担当する鴨川東には花街の祇園があり、捜索は困難なものになることが予想された。そこで、あらかじめ二隊分の人数が与えられ、状況に応じてさらに二分割できるよ

うになっていたのである。

そのさいに、三番目の隊を率いることになっていたのは井上源三郎だった。地味な印象のある井上だが、天然理心流生え抜きの井上は、近藤にとっては土方とともに心から頼ることのできる存在といえた。新選組の命運を賭けたこの日も、近藤は全幅(ぜんぷく)の信頼のもとに、井上に一隊を託していたことだろう。

良好なチームワークというものは、個々の間に信頼関係がなければ生まれない。その点で、近藤、土方、井上らの人間関係は申し分がなく、彼らの間に結ばれた固い絆が、新選組の強さの秘密の一端を担っていたということもできるのである。

池田屋突入！　十人をいかに分散するか

結果的に、敵の浪士が集結している現場に出くわしたのは近藤隊だった。鴨川の西を流れる高瀬川にかかった三条小橋、その西側に位置する池田屋という旅籠に二十余人の浪士が集まっていたのだ。

そうとは知らない近藤だったが、一応の用心をして池田屋に迫っている。十人の隊士を全員店内に踏み込ませるのではなく、三人を表口、もう三人を裏口に配置して敵の逃亡に

現在は居酒屋になっている池田屋跡地（京都市中京区）

そなえ、実際に突入するのは四人に限定した。

この四、三、三という配分は、十人を分割するにはこれ以上ないほど絶妙といっていいものだった。日頃からこうした捕り物に慣れた新選組ならではのチームプレーだろう。敵に対してむやみに斬りかかるのではなく、隊士個々の役割分担をしっかりと決めてから戦闘に入る。それが結果的に勝利への近道となることを、近藤は知っていたに違いない。

もちろん、役割を決めるにあたっては、個々の実力を考慮した。屋内突入を担当した四人は、近藤自身と、沖田総司、永倉新八、藤堂平助といった顔ぶれで、いずれも隊内屈指の剣客たちだった。突入という最も危険な役目は、彼らのような十分な実力をそなえた者にしかつとまらなかっただろう。

また表口は谷万太郎（まんたろう）、武田観柳斎、浅野薫、裏口は奥沢栄助（おくさわえいすけ）、安藤早太郎（はやたろう）、新田革左衛門（かくざえもん）が固めていたと推定されるが、このうち谷万太郎は種田流槍術の達人だった。槍という武器の特性から、狭い屋内ではなく、入り口付近で敵の逃亡を阻止する役目が与えられたことはきわめて理にかなっている。

残りの武田以下は、武術的にはワンランク下の者たちであったから、彼らが守備要員にまわされたのは、これもまた集団戦においては当然の布陣ということができるのである。

同志の危機を救うのが最優先

池田屋の内部に踏み込んだ四人のうち、近藤と沖田が二階へと上がった。そこには、二十余人の浪士たちが集結しており、新選組の襲撃を知った彼らは、ほとんどの者がいち早く脱出をはかった。

とくに部屋の窓から裏庭に飛び降りる者が多く、裏口に配置した三人だけでは、とてもくいとめられるとは思えない。それを見た沖田は、「ここは私が引き受けた」といい、近藤に階下へ向かうようにうながした。近藤は沖田のいうとおりに二階をまかせ、自分は階段を駆け下りて裏口へまわった。

すでに二階にはそれほど敵が残っていなかったとはいえ、沖田の実力に対する近藤の信頼の厚さがうかがえる。また、一瞬のうちにフォーメーションを変更できたのも、二人が阿吽の呼吸で行動できる間柄であったことが大きかった。

一方、永倉と藤堂は、一階に陣取って逃げる浪士を迎え撃っていたが、戦いのさなかに藤堂が深手を負っていた。物陰から不意に飛び出してきた敵に眉間を割られ、流れ出る血が目に入って戦闘不能になっている。

僚友藤堂の窮地を横から永倉が救おうとしたが、相手は意外に手強く、逆に永倉までもが危機におちいった。敵の繰り出す切っ先が永倉の胸元を何度もかすめ、衣服はさんざんに切り裂かれたという。藤堂を倒し、永倉を追い込んだこの浪士の姓名はわかっていないものの、よほどの遣い手であったのだろう。

そんな永倉らの苦戦を見た裏口の近藤は、一人の敵を斬り倒すと、屋内に急ぎ引き返した。裏口を固めることも大事だが、同志たちの危機を捨てておくことはできない。すばやく永倉のもとに駆けつけると、敵の背後から袈裟懸けに斬りつけた。

右肩を深々と斬られてひるんだところに、永倉がとどめの一撃を加え、浪士はその場に絶命した。いくら強敵であったとしても、新選組を代表する二人の剣豪に前後から挟撃されては、たまったものではない。まさに絶妙の連携プレーだった。

土方隊の池田屋到着、その時、近藤は……

近藤と永倉の奮戦によって、かろうじて敵を制していた新選組だったが、藤堂が重傷を負って動けなくなっていたほか、二階で戦っていた沖田が肺結核を発症して戦線を離脱した。屋内に突入した四人のうち、戦闘可能なのは、近藤と永倉のわずか二人になってしまったのだ。

そんなとき、鴨川東を捜索していた土方隊が、ようやく池田屋に到着した。二十四人の人数で祇園方面を取り調べたものの、目当ての浪士は一人も見つからなかったのだった。

現場の状況を一目見て、土方は即座に隊士たちに命令を下した。それを受けて、井上が十人を引き連れて屋内に飛び込んでいく。事態に応じて二十四人が二分され、井上が一隊を率いることになっていた事前のシミュレーションが見事に現場で機能したのである。

井上隊には、原田左之助、斎藤一、島田魁、谷三十郎らの腕利きが揃っており、このうち原田が槍で一人の敵を仕留めたほか、怪力の島田も一人を倒した。すでに近藤隊との戦いで多くの者を失っていた浪士側であったから、増援された新選組の前にはかなうべくもなかった。

一方、土方自身は、残る松原忠司(ちゅうじ)、河合耆三郎(きさぶろう)ら十二人を指揮して、池田屋の周囲を固めさせた。狭い屋内に一気に大勢の人間が踏み込んでも、かえって混乱をきたすことになる。それよりも屋外にとどまって、隙をみて逃亡しようとする敵を厳重に阻止することが、新選組のもう一人の将である土方に課せられた役目だったのだ。

むろん土方自身は屋内に突入して、近藤を助けて戦いたかったことだろう。しかし、それをやっては、乱戦のなかで全体を見通しながら指揮をとる者がいなくなってしまう。戦闘に勝利するためには、常に冷静に戦況を把握して命令を下す者が必要ということを土方はわかっていたのだった。

自分の欲求は抑え、隊の勝利のために何をすべきかを絶えず考える。まさしくチームプレーということである。

土方隊の到着を知って、近藤もようやく一息つくことができた。浪士はなるべく殺さずに生け捕りにするようにと会津藩から指示されていたこともあり、以後は方針を斬り捨てから捕縛に変更した。午後十時の斬り込みからおよそ二時間、ようやくのことで池田屋周辺における戦闘は終結した。

こうして見てきたように、新選組を勝利に導いた大きな要素は、隊士個々がチームプレーに徹していたことにほかならなかった。

沖田や藤堂が不測の事態からリタイアしたように、個々の力に頼った戦い方には限界があるが、チームプレー重視の戦法には無限の可能性がある。最強の剣客集団といわれた新選組の強さの秘密は、実は、この池田屋事件の夜に発揮されたような鉄壁のチームワークにあったのである。

column:1

沖田総司は池田屋で喀血したか

沖田は池田屋事件のさなかに肺結核を発症した。しかし、発症したのは三年後だったとする説もある。いったい、どちらが本当なのか——。

発病から四年も生きたのは不自然？

沖田総司は、池田屋の二階で浪士を一人斬ったあと、労咳（肺結核）を発症して戦闘からリタイアしたと伝えられる。

ところが、一説には沖田が結核に感染したのは、これよりあとの慶応三年（一八六七）のことであったともいわれている。理由は、元治元年（一八六四）に発病したとすると、その後四年間も生存し、新選組に在隊していたのが不自然だからというのだ。

しかし、私はその説よりも通説のほうが妥当性があると思っている。理由は、沖田が池田屋で結核のために倒れたことを証言しているのが、ほかならぬ永倉新八であるからだ。事件当夜、ともに命がけで戦った同志のことを、病気になってもいないのに病気だなどと語るはずがない。

沖田が倒れて戦線を離脱したことは、永倉にとって相当印象深い出来事だったようで、のちに永倉が著した手記などに幾度となく記されている。

「沖田が大奮闘のさいちゅうに持病の肺患が再発してうち倒れたので——」（『新撰組顚末記』）

「沖田総司俄に持病が起こり拠無く表へ出る」（『七ヶ所手負場所顕ス』）

「沖田総司病気にて会所へ引き取る」（『浪士文久報国記事』）

このうち『新撰組顚末記』は、新聞記者の手が入った記事であるため全幅の信頼を置くことはできないものの、ほかの二点は直筆、もしくはその写本である。永倉の認識がどのようであったかは明らかだ。

また、『浪士文久報国記事』では、池田屋事件の翌月に起きた禁門（きんもん）の変の箇所に、注目すべき記述がある。

「副長助勤病気に付引込居り代沖田総司——」

つまり、沖田が病気のために禁門の変に出動できなかったというのだ。これは従来伝えられていなかった事実であり、元治元年発病説を強力に裏付ける証言といえる。

沖田が池田屋で結核を発症したことは、もはや確実というべきだろう。

〝慶応三年説〟の根拠

これに対して、沖田の発症を慶応三年とする説の、おもな論拠となっているのは次の記録だ。

「沖田総司は不動堂村へ転隊したるころより大病に患し、各士東退の後、間もなく死去す」（西村兼文『壬生浪士始末記』）

「丁卯二月罹疾」（小島鹿之助『両雄士伝』）

新選組屯所の不動堂村移転は慶応三年六月のことであり、また「丁卯」

とは慶応三年のことである。両記録は、ともに慶応三年の発病を語っており、六月と二月の違いはあるにせよ、ほぼ共通した認識が示されている。

しかし、仮にこれらの記述が正しいのだとしたら、永倉の証言はどう考えたらいいのだろうか。池田屋で発症したという永倉の記憶は何かの間違いであったというのか。

その点について、慶応三年説では随分と強引な解釈がなされている。元治元年のときの病気は、結核ではない別の病気であったというのである。

それは、あまりにもご都合主義というべきだろう。確かに別の病気であった可能性はゼロではないが、常識的にいってそれは考えにくい。

だいいち、大事な池田屋の戦闘中に現場からリタイアしなければならないほどの病気とはいったい何か。この場合、結核による喀血以外にそのようなものがありうるのか。

沖田の結核は、やはり元治元年六月頃に発症したものであり、慶応三年になって周囲の誰にもわかるほど悪化した。そう考えるべきだろう。

第四章

新選組最強の剣士は誰か

華麗なる幕末維新の剣の達人たち

剣の達人ばかりで構成される剣客集団・新選組。
いずれ劣らぬ遣い手たちのなかで、あえて最強を選ぶと誰になるのか。
近藤勇か、沖田総司か、芹沢鴨か、それとも……？

新選組ベスト3を挙げると……

日本史上最強の剣客集団といわれる新選組。局長の近藤勇をはじめとして、剣にかけては誰にもひけをとらない遣(つか)い手が隊内にひしめいていた。では、そのなかでも最も強いのは誰だったのか。やはり隊の顔であり、天然理心流宗家四代目の肩書きをもつ近藤か。それとも、もう一人の局長で、神道無念流の達人として恐れられた芹沢鴨なのか。

むろん、近藤も芹沢も強かったことは疑いようがない。新選組結成時の幹部隊士のほとんどが、彼ら二人の門人であることが、それを証明している。しかし、門人たちのなかには、師匠を上まわる実力をもった者たちもいた。当時の史料を調べてみると、「新選組最強」と呼ばれた剣客が隊内に何人か存在する。

沖田総司、斎藤一、永倉新八の、三人がそれだ。彼らが新選組で最も強かったのだと、現存する諸史料は伝えている。

まず、新選組が屯所にしていた京都西本願寺の寺侍の西村兼文(にしむらかねふみ)は、自著『壬生浪士始末記』のなかで、沖田総司のことを「隊中第一等の剣客なり」と書いている。

沖田の場合、彼が天才剣士であったことを示す記録がいくつかあるが、親類などの身内の証言であることが多い。その点で、西村のような第三者が「隊中第一等」と評価したことは重視されるのである。

この西村は、斎藤一の実力についてもふれていて、「斎藤は局中一、二の剣客にて」と記している。沖田のことを隊内随一とする一方で、斎藤もそれに匹敵する遣い手であるといっているのだ。二人はいずれ劣らぬ実力の持ち主であったのだろう。

そして、残る永倉新八に関しては、やはり新選組が屯所にしていた京都壬生村の八木家の為三郎(ためさぶろう)少年が語り残している。『新選組遺聞(いぶん)』(子母沢寛著)に収録されたその談話によれば、永倉もまた、「隊中でも一、二の遣い手」であったというのだ。

服部武雄や吉村貫一郎はどうか

沖田、斎藤、永倉の、三人の間での優劣は後述するとして、彼らが隊内ベスト3であることは、ほぼ間違いないようである。彼ら三人は、新選組の実動部隊のうち一番隊から三番隊を率いる組長であり、組織編成のうえでも隊の中心戦力となっていた。

ちなみに、ほかにもう一人、無名ながら新選組最強とささやかれた者がいた。監察をつとめ、のちに脱隊して御陵衛士となった服部武雄(三郎兵衛)である。この服部のことを、旧桑名藩士の小山正武は、「新選組多しといえども、剣術においては服部三郎兵衛氏によく敵するほどのものはない」と『史談会速記録』で語っている。

前出の西村兼文も、「服部三郎兵衛は剛力の大兵にて、すこぶる撃剣の達者なり」と口をそろえており、服部の強さが裏付けられる。新選組の主流派ではなかったが、この服部も隊内トップレベルの遣い手であったことは確実といっていいだろう。

ただし、沖田、斎藤、永倉という三強を超えるかというと、それは断定することはできない。むしろ西村兼文による「撃剣の達者」という表現からは、やはり「隊中第一等」とか「局中一、二」とされた沖田や斎藤のほうが上位にあったことがうかがえるのである。

したがって服部については、僅差で第四位ということにしておきたい。

ところで、吉村貫一郎という隊士が小説や映画の主人公として話題になったことがあるが、この吉村のことも西村は書き残している。それによれば吉村は「文武両道に粗通し、ことに書をよくす」という。粗通とは、大方で通じているということだから、文武ともにそれほどの達人であったという印象はない。しかも「書をよくす」との記述からは、吉村はどちらかといえば「武」よりも「文」にたけていた隊士であったことが想像される。

確かに吉村は、新選組の撃剣師範の一人（ほかに沖田、斎藤、永倉、田中寅三、池田小三郎、新井忠雄）であったから、ある程度、腕が立ったことは間違いないだろうが、決して隊内一を争うほどではなかった。そう考えるほうが自然だろう。

沖田より「稽古が進んでいた」男とは

さて、それでは隊内ベスト3と認定された沖田、斎藤、永倉について、三人のなかでの順位をつけることは可能なのだろうか。

ここに、それを探るうえで欠かせない人物がいる。元新選組隊士で、服部武雄らとともに御陵衛士に転じた阿部十郎である。

阿部自身はあまり剣術が得意ではなく、『史談会速記録』のなかで、「もとより私は近藤だけの腕がないので、撃剣におきましては、実際につかったら近藤に一本もあたらないぐらい」などと語っているほどだ。しかし、彼が沖田ら三人の剣について語った箇所はとても興味深い。

「沖田総司、これがまあ勇の一弟子で、なかなかよくつかいました。その次は斎藤一と申します。それからこれは派が違いまするけれども、永倉新八という者がおりました。この者は沖田よりはちと稽古が進んでおりました」

沖田より稽古が進んでいた男。永倉新八（清水隆氏提供）

つまり、沖田よりも永倉のほうが少し腕が立ったというのだ。「稽古が進んで」という表現は、永倉のほうが技術的に上であったことを意味している。順位をつけるならば、永倉―沖田―斎藤ということになるだろう。

もちろん、阿部ひとりの評価だけで強弱を決めることはできない。剣技の評価は人によって違う場合も多く、現に西村兼文は、どちらかといえば沖田のほうが優位にあったことを示唆している。それでも、ここは新選組の同僚として、沖田や永倉とともに剣をふるった経験のある、阿部の証言を重視したい。阿部も強くはなかったが、剣に関しては素人ではない。それなりに見る目の確かさをもっていたと思われるからだ。

沖田も斎藤も強かった。しかし、いくつかの証言を比較検討して導き出されるのは、永倉が最強であるという結論にほかならない。

新選組で最も強かった男――。その栄誉ある称号は、神道無念流免許皆伝、永倉新八に与えられるべきだろう。

第五章

坂本龍馬と近藤勇

龍馬と勇
二人の英雄

幕末維新期、倒幕派と佐幕派に分かれて活躍した坂本龍馬と近藤勇。
海援隊と新選組という対照的な組織の長となり、歴史に大きな足跡を残した。
二人の出自、剣術、思想を対比しながら、英雄たちの人物像を検証する。

坂本龍馬の出自

坂本龍馬は、天保六年（一八三五）十一月十五日、土佐国高知城下本丁筋一丁目（現・高知県高知市上町一丁目）の郷士・坂本家に生まれた。父は八平、母は幸、兄の権平と、千鶴、栄、乙女という三人の姉があった。

郷士という階級は諸藩に存在するが、その実態はさまざまである。土佐の坂本家の場合は、龍馬の曽祖父である才谷屋という商人が、藩の募集に応じて、土地開拓の任務を与えられるかわりに、郷士と称する武士の格を手に入れていた。そうして分家して起こした家が坂本家だった。

だから、龍馬の家は三代前から武士の身分ということになるのだが、藩の上級武士からみれば、郷士などは農民とさほど変わりのないものだった。そんな極めて低い身分の武士として、龍馬は誕生したのである。

幼少期の龍馬には、あまりいい話は伝わっていない。いつも無口でおどおどしていて、何かあるとすぐに泣き出す、頼りない少年であったというのだ。そのうえ、十歳を過ぎても寝小便の癖が直らず、近所の者はみな龍馬のことを愚か者と呼んでいた。

そんな龍馬を慈しんだ母の幸も、弘化三年（一八四六）、四十九歳のときに病死してしまっている。龍馬がまだ十二歳のときだ。数え年の十二歳は、現代でいえば、まだ小学生に過ぎず、龍馬の悲しみは相当なものであっただろう。

その後、龍馬を元気づけ、親代わりになって育てたのは、三歳上の姉、乙女であったと伝えられる。この乙女は男まさりの体格と性格の持ち主で、ひ弱な少年だった龍馬を、厳しく鍛えあげた。

また女だてらに、『太閤記』『三国志』『南総里見八犬伝』といった講談本を好んだといい、近くの貸本屋から借りてきては愛読し、すっかり内容を暗記してしまうと、それを龍馬にも語って聞かせた。龍馬が喜んで聞いたという話は残っていないものの、こうした乙女の教育が、龍馬の精神的な成長に大きな影響を与えたことは間違いない。

龍馬自身ものちにこう語っている。「おれは若い時、親に死別れてからは乙女姉さんの世話になって成長ったので、親の恩より姉さんの恩が大い」（『千里駒後日譚』）

正確にいえば、父の八平はその後も存命していたし、後妻も迎えている。それでも龍馬は彼らよりも姉の乙女に世話になって育ったといっているのだ。龍馬にとって、乙女の存在がどれほど大きいものであったかがうかがえるだろう。

少年時代は無口で泣き虫だった龍馬

近藤勇の出自

いっぽうの近藤勇は、龍馬よりも一年早い天保五年十月九日、武蔵国多摩郡上石原村の農家・宮川家に生まれている。父は宮川久次郎、母はみよ、音五郎と粂次郎という二人の兄があり、勇の幼名は宮川勝五郎といった。

幼少期の勇は腕白で、朝から晩まで野山を駆けまわっているような子供だった。村の子供たちと相撲を取ったり、棒切れを振り回したりと荒っぽい遊びに明け暮れていたから、母のみよは勇のすり切れた衣服をつくろうのが大変だったという。

その母が、天保十年に三十八歳で病死した。勇はまだ数え年の六歳という幼さだった。幼少期に母を失った境遇はくしくも龍馬と共通しているが、勇の場合は幼すぎて、あまり死別の実感がわかなかったようだ。通夜の当日、張り切って配膳の手伝いをつとめたとの逸話が伝わっている。

妻を亡くした久次郎は、その後、後妻を迎えなかったため、勇は男手ひとつで育てられることになった。兄弟も男ばかりであったから、どちらかといえば無骨な、男っぽい気風のなかで勇は成長していったのである。

勇の生誕地には現在も産湯に使った井戸が残る

父の久次郎がまた、農民には似合わない気概にあふれた人物で、とくに好んだのが、『三国志』や『源平盛衰記』などの講談本だった。坂本家の乙女の場合と同じであるのは、なんとも興味深い。久次郎の語りは、本物の講談師のように絶妙であったといい、少年の勇は、夢中になって聞き入っていたという。

　勇が好きだったのは、楠木正成、加藤清正、源義経といった武将たちだったが、なかでもお気に入りだったのは、『三国志』の英雄の一人、関羽だった。劉備玄徳を補佐して働いた関羽は、最後は敵の謀略のために捕らえられ、首をはねられる。その場面を久次郎が語って聞かせると、勇は涙をぽろぽろと落として泣いた。

この関羽の悲壮な最期は、勇の運命とも重なり合うものがある。のちに勇が実践した節義に殉ずる生き方には、父から聞かされた関羽の物語が大きく影響していたのかもしれない。

肉親に恵まれた二人

龍馬の育ての親ともいうべき姉の乙女、そして勇を男手ひとつで育てた父の久次郎。双方にくしくも共通していたのは、講談本による教育法だった。教育法というと大げさだが、男子の生き方を教えるうえで、歴史上の英雄たちの行動がおおいに参考になるのはいうまでもない。

その意味では、龍馬も勇も、肉親に恵まれていたといっていいだろう。龍馬の場合は、表面上には勇ほどには感化されなかったようだが、なにをするにものんびりしていたのが少年期の龍馬だった。感性の成長するスピードもゆっくりであったのかもしれない。

それに対して、勇は幼いころから人並み以上に感受性の強い子供であったのだろう。父・久次郎は、上の二人の男子にも当初は同じように接していたはずだが、勇のなかにだけ何か光るものを見つけたに違いない。それで久次郎は、勇に向かってこんなことをいうようになった。

「お前はお侍になって、えらい手柄をせよ」（鹿島淑男『近藤勇』）

農民であることを飽き足らなく思っていた久次郎は、武士の身分になる夢を息子の勇にたくそうとしていた。講談本に親しめば親しむほど、世の中を動かすことのできるのは、結局、武士だけであるということを久次郎は痛感していたのだった。

身分の低さでは、龍馬の郷士というのも勇とそれほど差はなかった。身分差別の激しい土佐では、郷士は上級藩士から虐げられる存在で、農民と変わらぬ扱いを受けていた。

そんな低い身分の出身であったことが、のちの二人の行動に影響を与えた。龍馬の場合は、古い慣習にとらわれない自由な発想法を生むことになり、勇は、より武士らしく生きようとする強い信念をもつようになった。もともと身分のある本来の武士の出身であったなら、決してこうはいかなかったと思われるのである。

龍馬と剣術

泣き虫の少年だった坂本龍馬を変えたのは、剣術との出会いだった。嘉永元年（一八四八）、十四歳のときに城下築屋敷の日根野弁治（ひねのべんじ）に入門して、小栗（おぐり）流剣術を学び始めた龍馬は、それまでとは別人のようにたくましく変身した。

小栗流とは、戦国時代に徳川家康の家臣の小栗仁右衛門（にえもん）によって創始された剣術で、二代目を継いだ朝比奈半左衛門（あさひなはんざえもん）が土佐人だったことから、土佐に広く伝えられた。全国的にはそれほど知られた流派ではないが、土佐藩内では、無外流、一刀流、神影（しんかげ）流、大石流とともに五本の指に入る存在だった。

この小栗流の日根野道場で頭角を現した龍馬は、嘉永六年に「小栗流和兵法事目録（わへいほうのこと）」、安政元年（一八五四）に、「小栗流和兵法十二箇条・二十五箇条」を得たあと、文久元年（一八六一）に皆伝免許である「小栗流和兵法三箇条」を与えられている。

入門してから免許皆伝まで十三年かかっていることになるが、龍馬の場合、途中からもう一つの流派、すなわち北辰一刀流を同時進行で修行していることが影響していた。もし、小栗流のみに専念して修行をつづけていれば、もっと早く免許を得ていたであろうこ

坂本龍馬が修行した、日根野道場跡（高知市上町）

とは容易に想像できる。

この北辰一刀流のほうは、嘉永六年四月からの約一年間と、安政三年（一八五六）九月からの約二年間の合計三年間、江戸の千葉定吉（さだきち）道場で学んだものだった。

江戸時代後半に千葉周作によって創始された北辰一刀流は、そのころ江戸一番の大流派として栄えていた。周作の実弟である定吉も、兄に劣らぬ遣い手として知られており、龍馬は土佐藩邸から距離的に近い京橋桶町にあった定吉の道場に通っていたのである。

地域限定の感が強かった小栗流とは違う、天下の名門の北辰一刀流を学んだことで、龍馬の実力は格段に向上したことだろう。しかし、前述したように江戸遊学の期間は通算しても三年間ほどにしかならない。その短期間で、どこまで北辰一刀流を自分のものにできたかどうかは、実ははっきりしていないのだ。

定吉道場の塾頭をつとめたとか、北辰一刀流の免許皆伝を得たとかの話もあるが、みな根拠のない俗説に過ぎない。実際には、龍馬が定吉から与えられたことがわかっているのは、安政五年正月の「北辰一刀流長刀兵法目録」という薙刀（なぎなた）の目録一巻だけだった。

もちろん龍馬が実力不足といっているわけではない。もう少し江戸滞在の期間が長く、修行についやす時間があれば、文句なく免許皆伝にもいたることができただろう。残念ながらそれがかなわなかったために、北辰一刀流の剣士としては、龍馬は未完成のままに終わってしまったということである。

勇と剣術

龍馬が土佐で小栗流に入門した嘉永元年、近藤勇も十五歳で剣術を学びはじめている。流派は天然理心流。勇の父・久次郎は自宅の庭に道場を建てるほど武張(ぶば)ったことの好きな人物だったが、そこにときおり江戸から教えにきていた近藤周助という剣客に、勇も入門したのだった。

天然理心流は、遠江(とおとうみ)出身の浪人・近藤内蔵之助(くらのすけ)によって、江戸時代中期の寛政七年(一七九五)ごろに創始された剣術である。内蔵之助の道場は江戸両国にあったが、二代目を継いだ近藤三助や、三代目の周助が、多摩郡の住人であったため、その後の天然理心流は、多摩地方に根付いた剣術となっていった。

周助の代に、ふたたび江戸に本拠地が置かれるようになり、市ケ谷甲良(いちがやこうら)屋敷というところに、試衛館と称する道場が設けられた。周助はそこから数か月に一度、多摩方面に出稽古におもむき、諸村の門人たちを指導してまわったのだ。

この周助の教えを受けるようになった勇は、たちまちのうちに腕をあげた。入門からわずか七か月後の嘉永二年六月には、早くも「目録」を与えられ、周助門下の麟麟児の異名をとるようになる。天性の剣術の才能に恵まれていたのだろう。

そしてその剣才を見込まれて、同年十月、十六歳の勇は天然理心流の四代目を継ぐことを前提に周助の養子に迎えられた。近藤家は代々の浪人、つまり一応は武士と呼べる身分であったから、名字帯刀も許されていた。武士になることを夢見ていた勇にとっては、この縁組は願ってもないものだった。

文久元年（一八六一）八月には正式に宗家四代目を継承し、試衛館の道場主となっているが、残念ながら勇の「免許」は現存していない。そのため勇がいつ免許皆伝に至ったのかはわからないものの、宗家を継いでいるのだから、すでに免許を得ていたことは間違いない。

このとき勇は二十八歳。入門から十三年目にして、ついに天然理心流の頂点に立ったのである。

それぞれの道

その後、文久三年（一八六三）には勇は幕府の募集に応じて浪士組に参加、京都に上って新選組を結成した。新選組の任務は京都市中の治安維持であり、勇らは得意の剣をもって、尊王攘夷派の横行を取り締まった。

その意味では、長年つちかってきた剣術修行は無駄になってはおらず、実力がそのまま任務にいかされる立場に勇はあった。近藤勇の名が剣豪として後世に残された背景には、剣をふるうことそのものが仕事であったという事実を見逃すことはできないだろう。

それに対して龍馬は、若いころは剣術で身を立てたいと思っていたようだが、文久二年（一八六二）に土佐を脱藩し、幕府軍艦奉行並（ばくふぐんかんぶぎょうなみ）の勝海舟（かつかいしゅう）に入門したころから、あっさりと剣術に見切りをつけてしまっていた。もちろん護身のためには身につけた剣技は役立ったが、龍馬の心のなかは、海舟のもとで海軍の修行に尽くすという新しい目標で一杯になっていたのだ。

だから、のちに長州藩の高杉晋作（たかすぎしんさく）からピストルを贈られたときも、屈託なくその新兵器を護身のために使っている。これが勇の場合であれば、剣に対するこだわりが先に立って、龍馬のようにはふるまえなかったに違いない。

龍馬が、剣以外の武器に簡単に乗り替えた、もしくは北辰一刀流を三年間修行しながら薙刀の目録しか与えられなかったなどの点をあげ、剣客としての実力はたいしたことはなかったのではないかと指摘する声もある。しかし、小栗流における十分な実績をみれば、それは当たらないだろう。間違いなく龍馬は全国レベルでも通用する実力の剣士だった。

ただ龍馬の場合は、新たな目標のために、剣士であることをみずから放棄した。いっぽうの勇が、最後の剣士として生き抜いたのとは対照的である。そんな剣に対する思いの差を考えると、もし幕末期に二人が実戦で剣をまじえる機会があったとしても、龍馬は勇には及ばなかったかもしれない。

龍馬の学問

幕末に活躍した諸藩の志士たちは、少年のころから学問に励んだ秀才タイプの者が多かった。そうでなければ同志たちからの尊敬を集めることもできなかっただろう。

しかし、坂本龍馬の場合はまったく違っていた。秀才どころか、生涯を通じて、正式に学問を学ぶ機会がほとんどなかったのである。

十二歳のとき、城下で習字や四書（ししょ）の素読（そどく）を教える楠山庄助（くすやましょうすけ）の私塾に通ったことがあったが、成績はふるわず、学友たちにも馬鹿にされていじめられてばかりいた。結局、ある学友との喧嘩が原因で退学することになり、以後は父の八平も懲りたのか、龍馬を塾には通わせなかった。

その後、龍馬は学問をする機会に恵まれないまま、成人することになる。のちに龍馬自身は、

「僕、幼にして学を廃し、今に至りて之を悔ゆ」

と人に語ったと伝えられる（千頭清臣（ちかみきよおみ）『坂本龍馬』）。やはり実社会に出てみると、何かにつけて学問の必要性に出くわすことも多く、龍馬が後悔したというのも実感だったのだ

ろう。

正式な学問の機会こそ失ってしまった龍馬だが、それでも断片的に学問に接することはあったようで、次のような逸話が、やはり『坂本龍馬』に残されている。

あるとき、蘭学者からオランダ政体論の講義を聴いていた龍馬は、途中でこう発言した。

「生（せい）思うに、先生原義を誤り伝ふるが如し。更に一閲を請ふ」

これを聴いた学者は憤慨して、講義が誤っているはずはないと言い張った。学者にしてみれば、ろくに学問を修めていない龍馬がオランダのことなど知っているはずがないのだから、取るに足らない意見と思えたのだろう。しかし、龍馬は、

「しからば原義また条理を失ふ」

といって引き下がらない。それで念のために学者が原書を確認すると、確かに翻訳の誤りがあることが判明した。学者は顔色を失い、「余、過（あやま）てり」と龍馬にわびたという。

たとえ体系的な学問を修めていなくても、ものごとの本質を的確にとらえることのできる聡明さが、龍馬にはあった。その点が、ほかの志士たちとの大きな違いだったのである。

京浜急行・立会川駅前にある龍馬の銅像（東京都品川区）

勇の学問

いっぽうの近藤勇は、農民の出身であるから、少なくとも幼少期には正式な学問にふれる機会はなかった。寺子屋に通ったという記録もなく、読み書き、算盤（そろばん）などは父の久次郎がみずから教えていたという。

十一、二歳ごろの逸話として、ある夜、久次郎がふと目をさますと線香の匂いがするので、どうしたのかと起きて部屋を見まわすと、勇が文机（ふづくえ）に向かっている。「何をしているのだ」と尋ねると、「線香の光で本を読んでいるのです」と勇が答えたという話が残っている（鹿島淑男『近藤勇』）。

これなどは、何ごともひとたび夢中になると、夜も日もなくのめり込んでしまう勇の性格をあらわしている。ただし、この話以外に幼少期の学問にまつわる話題がとくに伝わっていないところをみると、日常的にそれほど熱心に勉強をしていたとは思えない。

その後、剣術に明け暮れる日々を送るようになると、なおさら学問どころではなくなっただろう。剣で身を立てようとする勇にとっては、それも仕方のないことだった。

ただ、大人になってからの勇は、漢学の勉強だけは熱心にやったようだ。勇が詠んだ漢詩が現在いくつか残されているが、どれも見事な出来のものばかりである。師匠が誰であったかについては、『新撰組史録』（平尾道雄著）に次のような記述がある。

「（勇は）江戸神田昌平橋近くに住む溝口誠斎や武州小野路の小島為政について漢学をおさめ――」

溝口誠斎から学んだことは、ほかに記録がなく、事実であったかどうかには疑問も残るが、小島為政（鹿之助）のほうは確かに勇に影響を与えた人物だった。

小島は、武州日野の佐藤彦五郎とともに勇とは深い交流があり、三人は『三国志』にならって義兄弟の契りをかわしていたという。小野路村の名主をつとめた小島は、漢学に通じていたから、勇にも手ほどきをしたであろうことは想像に難くない。

剣一筋に生きた勇にとって、学問はさほど必要なものでなかったかもしれないが、それでも漢学だけは学んでいた。農民の身分であったころならともかく、武士のはしくれとなったからには、世間に恥ずかしくない程度の教養は身につけておこう、という思いもあったのだろう。

尊王攘夷思想と二人

龍馬も勇も、つまるところ身分が低かったがために学問に接する機会が少なかった。しかし、龍馬が、多少の後悔をしながらも現状を受け入れているのにくらべ、勇は、自分に学がないことに劣等感を抱き続けていたように思える。

新選組の結成後、武田観柳斎や伊東甲子太郎などといった教養のある隊士をことさらに重用したことは、そのあらわれといっていい。武闘集団である新選組に、必要以上の教養はいらないはずであるから、勇の学歴偏重主義はかえって隊の運営に支障をきたすこともあったのである。

ところで、当時の武士階級には尊王攘夷思想が流行していたが、龍馬と勇はどうであったのか。

彼らの思想について確認しておくと、二人とも例にもれず、基本的に尊王攘夷思想を抱いていた。しかし、龍馬の場合、文久二年（一八六二）に幕臣・勝海舟と出会った前後に、単純な攘夷思想から脱却し、開国派に転向している。この変わり身の早さは、龍馬が形式的な尊王攘夷に凝り固まっていないことによるのだろう。

勇のほうは、本人はあくまでも尊王攘夷論者のつもりだったが、政治状況の移り変わりによって、幕府と朝廷との対立が表面化したことで、尊王でありながら佐幕であるという立場が認められなくなっていた。いわば、佐幕攘夷という、変則的な立場に立っていたのだ。

つまり二人とも、事情は異なるものの、純然たる尊王攘夷思想を途中で放棄したことになる。これは、彼らが学問としての尊王攘夷を正式に学んでいなかったことと無関係ではなかったかもしれない。ともに低い身分の出身であるがゆえに、既存の概念にとらわれることなく、独自の発想にもとづく行動をとることができた。そう考えることもできるのである。

龍馬の後世の評価

薩長同盟、大政奉還の立役者として活躍し、明治維新に大きく貢献した坂本龍馬であったが、慶応三年（一八六七）十一月十五日に京都で凶刃に襲われ、三十三年の生涯を閉じた。

その後の戊辰戦争を経て、明治政府が成立した後、維新の功績のあった者たちには論功行賞がおこなわれた。たとえば、西郷隆盛が二千石、木戸孝允、大久保利通らが千八百石、後藤象二郎でさえ千石を与えられている。

しかし、死亡している龍馬は、この論功行賞に加えられることはなかった。龍馬だけでなく、死没者はみな対象外とされていたから、不公平というわけではないが、龍馬の果たした功績の大きさから考えると割り切れない思いもある。

その代わりとして遺族に与えられたのは、家名存続の許可と、永世十五人口という処置だった。今後、無期限で十五人の家族を養っていけるだけの扶持米を下されるという意味だが、一年間に換算すると、わずか二十七石でしかない。

かつての同志である西郷や木戸らにくらべると、いかにも少ないといわざるをえないだ

坂本龍馬が暗殺された近江屋跡（京都市中京区）

ろう。龍馬のような英雄でさえ、死んでしまえば、それなりの扱いしか受けられないということだ。

時の流れとともに、その存在自体も徐々に忘れられつつあったが、故郷の土佐（高知県）では、明治十六年に初の伝記である『汗血千里駒』（坂崎紫瀾著）が新聞連載され、単行本として出版されるなど、龍馬を顕彰する動きは絶えることはなかった。

そして明治三十七年（一九〇四）、日露戦争のさなかに、美子皇后（昭憲皇太后）の夢に龍馬が現れ、日本海軍を勝利に導いたとの噂が報道されると、その名は改めて全国に広まった。皇后の希望で、京都東山の龍馬の墓のかたわらに、「贈正四位坂本龍馬君忠魂碑」も建てられ、龍馬の名声は完全に復活を遂げたのだった。

その後は、大正元年（一九一二）の『維新土佐勤王史』（瑞山会編）、同三年の『坂本龍馬』（千頭清臣著）などの出版を経て、同十五年には「坂本・中岡両先生銅像建設会」による『雋傑坂本龍馬』が刊行され、次いで龍馬の勇姿をかたどった銅像が昭和三年（一九二八）に高知の桂浜に建立された。

多くの人々の募金によって完成したこの銅像は、台座を含めると高さ十五メートルに及ぶ。はるかに太平洋を見渡すその姿は、現在もなお英雄龍馬の象徴として人々に敬愛され、親しまれているのである。

勇の後世の評価

龍馬とは対照的に、近藤勇の維新後の評価は散々なものとなった。慶応四年（一八六八）四月二十五日、勇が板橋の刑場で処刑され、三十五年の生涯を終えてからも、朝廷に歯向かった逆賊という肩書きはついてまわった。

維新のために尽くした志士たちを捕殺し、弾圧した新選組の局長であれば、それも当然のことだった。龍馬の暗殺でさえ、長い間、新選組のしわざと広く信じられていたほどだ。

幸運にも生き残った新選組隊士も、ほとんどの者は明治の世に身を隠すように生きた。元新選組という肩書きは、それほどまでに重い十字架のようなものだったのである。

明治二十二年に、かつて新選組が屯所にしていた西本願寺の寺侍だった西村兼文が、『壬生浪士始末記』を著したが、もちろん勇らのことを好意的には書いていない。「過激疎暴ノ挙動ナス」（同書）集団として、手厳しい筆致で新選組の動向を記録している。

そんな彼らを見る世間の目が変わったのは、昭和三年、新選組の有力な研究書が相次いで刊行されたあたりからであろうか。『新選組始末記』（子母沢寛著）と『新撰組史』（平尾道雄著）の二冊である。

とくに子母沢寛は、幕末期の新選組を知る古老からの丹念な取材により、生きた新選組の姿を書にまとめることに成功した。新選組といえども鬼ではない、徳川幕府傘下の特別警察隊として任務をまっとうした集団であり、ただ時の流れによって賊軍とされたに過ぎないと訴え、読者の共感を集めた。

龍馬の銅像が桂浜に建立された年でもあるこの昭和三年は、くしくも戊辰戦争からちょうど六十年経過した戊辰の年にあたる。勇が賊軍としての汚名を雪ぎ、世間に認められるようになるまでには、干支が一巡するほどの歳月が必要だったのである。

英雄の条件

龍馬と勇の評価は、昭和三十年代になってからさらに進展した。作家・司馬遼太郎が、龍馬を主人公にした小説『竜馬がゆく』と、新選組の短編小説集『新選組血風録』、それに新選組副長・土方歳三を主人公とした小説『燃えよ剣』を相次いで発表したことで、彼らの存在はより身近になり、人々に親しまれるようになった。

一般の人々が歴史上の人物にふれる場合は、直接の歴史書ではなく、まず手軽に読むことのできる小説から入ることが多い。その意味で司馬遼太郎の功績はあまりにも大きいものだった。

そして、小説をきっかけに史実の龍馬や勇を追究する人々も現れ、幕末期のみならず、日本の通史においても有数の英雄として彼らは敬慕されるようになった。

もちろん、二人の個性はまったく異なり、歴史上に果たした役割も違う。龍馬は、あくまでも日本の将来を考え、日本という国を守るために自分が何をすべきかを考えた。その答えは海軍の充実であり、大政奉還によって平和裏に政権を移譲させることにあった。

それに対して、勇は、人としてどう行動すべきかを第一に考えた。時勢が徳川に味方せず、敗北が明らかになったときでも、決して徳川を見捨てることをしなかった。ひとたび徳川についた以上、たとえ状況がどんなに不利になろうとも徳川のために尽くす。それが人として何よりも大切なことと、勇は信じていたのだった。

国のためにどうすべきかを考えた龍馬と、人としてどうすべきかを考えた勇。どちらが正しいという問題ではない。方向性こそ違ったものの、二人とも自分の信念のもとに行動し、それに殉じていった。しかも、あくまでも私心を抱くことなく、公共の利益だけを追求した。

　そんな彼らの潔さこそ、英雄の条件であるのだろう。人々の心から大事なものが失われているように思える現代の社会。いまこそ彼らの行動から、我々が忘れかけていたものを思い起こすべきではないだろうか。

column:2

浅葱色の隊服は隊内で不評だった？

新選組のトレードマークといえば、あの「浅葱色」の隊服。しかし、この隊服はほとんど着られていなかったらしい。

忠臣蔵を意識したあの羽織

新選組といえば、浅葱色の地に白く山形模様をあしらった羽織が印象深い。京都の大丸呉服店に発注して作らせたというこの羽織は、隊の結成間もない、文久三年（一八六三）四月から制服として使用されている。

山形模様はいうまでもなく、武士の鑑として崇拝されていた忠臣蔵の芝居から流用したものであって、真の武士でありたいと願う彼らの意識のあらわれだった。実際の赤穂浪士の装束には山形は入っていなかったのだ

column:2

が、それを知ってか知らずか、彼らは芝居の装束そっくりに羽織をデザインした。芝居では、白い山形は袖と裾の両方に入っていたが、新選組のものは、当時のいくつかの目撃記録によれば袖だけであったようだ。

もっとも、この羽織は、日常的に着るにはやはりデザインが派手すぎたらしく、隊内での評判はあまりよくなかった。素材も夏向きの麻であったため、見た目にも安っぽい感じがする。それで、作製当初こそ制服として使われていたものの、次第に着用する者が減り、やがて、誰も着なくなったといわれている。

最後に目撃されたのは、元治元年（一八六四）六月の池田屋事件のときであったから、その後、間もなく廃止されたと考えれば、使用期間は二年にも満たない短期間であったということになる。新選組のイメージを決定付けるような羽織は、実際には「期間限定」の制服にすぎなかったのである。

では、その後の新選組に制服は存在しなかったのだろうか。これについては、一点だけ興味深い記録が残されている。

肥前大村藩士の渡辺昇の自伝によれば、慶応三年（一八六七）のある日、京都市中で二人の武士に尾行されたことがあったという。そのさいの記述に、「黒衣黒袴、問わずしてその新選組たるを知る」という箇所がある。

黒い着物に黒い袴をつけていたから、新選組に違いないというのである。新選組はこのころ、黒ずくめの制服を使用していたのだろうか。この記述だけでは断定することはできないが、可能性としてはあり得ることだ。仮にそうであるとすれば、さわやかな浅葱色の印象が強かった新選組も、今後は少しイメージが変わってくるかもしれない。

第六章

新選組の組織編成

最新の研究で浮かび上がる知られざる組織の姿

近年発見された山崎烝の「取調日記」や、三井両替店の「新選組金談一件」からは、従来伝えられていたことと異なる新選組の姿が浮かび上がってきた。この章では、これまで知られていなかった組織の実態を追ってみよう。

山崎烝の「取調日記」にみる詳細編成

慶応元年(一八六五)五月、新選組には江戸と京坂で募集した新人が入隊し、隊士数は百四十余人にまでふくれあがった。これに伴って組織も改められ、新編成がおこなわれた。

五人の平隊士を一人の伍長が率い、それを二つ合わせて一小隊として、副長助勤である組長が統率した。つまり一小隊は十三人で構成されることになり、これが一番隊から、通説によれば十番隊までの十隊設けられたのである。

通説によればと書いたのは、実は近年、山崎烝の「取調日記」という史料が発見され、それによって多くの新事実が判明したからだ。

「取調日記」のなかには、慶応元年閏五月ごろの在隊者百四十八人の名を記した名簿が載せられており、そこには他の隊士名簿にはない貴重な情報が書き込んであった。それは、隊士たちが所属していた小隊の番号のことである。

これまでは、各組長がどの小隊を率いていたか程度のことはわかっていたが、一般の隊士たちの誰がどの隊に属していたのかはわかっていなかった。それが今回、かなりの割合で判明することになったのだ。

名簿の隊士名の上部に付記されていたのは、「壱」から「八」までの数字と、伍長を表す「壱番伍」、「弐番伍」といった記述、それに小荷駄方をあらわすと思われる「小」や、文学師範をあらわすと思われる「学」などの文字だった。なかには、何も付記されていない者があったり、「退去」などと記されて所属がわからなくなっている者もあるが、ほとんどの者は組分けすることが可能となった。

注目すべきは、通説でいわれている十隊ではなく、一番隊から八番隊までの八隊しかなかったことだ。また逆にほとんどの隊がちょうど十三人で構成されており、分類不能の者があることを考慮すれば、全隊十三人であったという通説を裏付ける結果となっている。

沖田総司から谷三十郎までの八人の副長助勤については、残念ながら組長としての番号がふられていないが、ここでは便宜上、名簿の配列順に一番隊から八番隊に割り振ってみた。他史料でも一、二番隊組長とされている沖田と永倉の例からみれば、比較的事実に近い割り振りになっているはずである。また、諸士調役兼監察と推定される十人も無印であるが、これも他史料から類推して判断した。

こうしてできあがった慶応元年閏五月ごろの推定編成表が、次ページの一覧である。また、氏名表記は一般的なものにこだわらず、あえて当史料に記されたままとした。

なお伊東甲子太郎については、参謀という新設の職が与えられたことが知られているが、本史料では十人目の谷三十郎と十二人目の山崎烝の間に無印で記されており、この時点ではまだ参謀となっていなかったことを想像させる。それでも、ほどなくして昇格していることは確実なので、ここでは便宜上、参謀として配列した。

こうして百四十八人の隊士の大半が分類でき、初めて組織編成の詳細が判明した。幕末に新選組のためによく働いた山崎烝は、平成の現在に至っても、新選組研究者に対して多大な貢献をしてくれた有能な隊士だったのである。

山崎烝「取調日記」にみる

新選組編成一覧

（慶応元年閏５月頃）

局長
近藤勇

副長
土方歳三

参謀
伊藤甲子太郎

一番隊
組長　沖田総司
伍長　清原清
谷万太郎
平隊士　和田十郎
大石鍬次郎
輪堂貞三
宮川数馬
阿部信次郎
木村広太
藤原和三郎
佐久間登人
宮川信吉

二番隊
組長　永倉新八
伍長　伊東鉄五郎
辛島昇司
平隊士　島田魁
蟻通勘吾
木内峯太
竹内元太郎
牧野源七郎
吉村新太郎
塩沢麟次郎
小林桂之介
正木折之介
新波緑之介

三番隊
組長　井上源三郎
伍長　加納鷲雄
白井鷹之進
平隊士　山野八十八
宿院良造
小原孔三

谷川辰蔵
古川小二郎
中村五郎
逸見勝三郎
今井雄二郎
甘地一撰
柳田三次郎

四番隊
組長　藤堂平介
伍長　大谷勇雄
安富才介
平隊士　中村金吾
宿院良造
松本喜次郎
佐野七五三之介
小路平三郎
岡戸万二郎
森下平作
篠崎新八郎
伊東主計
三ツ井丑之介
松原幾太郎

五番隊
組長　原田左之介
伍長　村上清
志村武三
平隊士　三品一郎
田中寅蔵
金子治郎作
斎藤清一郎
江畑小太郎
後藤大助
小河信太郎
富川十郎
西修輔
大橋半三郎

六番隊
組長　斎藤一
伍長　沼尻小文吾
佐久間荘太郎
平隊士　伊木八郎
近藤芳助
木下巌

横倉甚五郎
吉沢平三
河津平三
中山重蔵
中上常太郎

七番隊

組長 **武田観柳斎**
伍長 池田小三郎
安藤雄次郎
平隊士 内海治郎
柴田彦三郎
水口市松
武城蔵太
伊藤浪之介
田村金七郎
小林峯三郎
桜井雄之進
田村市郎
稲芳雄三郎

八番隊

組長 **谷三十郎**
伍長 真田四目之進
富山弥兵衛
平隊士 河合耆三郎
中西昇
上坂早太郎
久米部正親
鈴木直人
林小五郎
林庄吉
武登又三郎
森鷹之助

諸士調役兼監察

山崎烝
林信太郎
尾関雅次郎
服部武雄
芦谷昇
篠原泰之進
三木三郎
吉村貫一郎

小荷駄方

青柳牧太夫
矢田健之介
神崎一二三
日下部遠江
日下部四郎
矢金繁三
中村玄道
宮武折三
佐野牧太
新田寅之介
島田幸之介
市橋鎌太
松原忠司

文学師範

尾形俊太郎
岸島芳太郎
司馬良策
三浦啓之介

分類不能

酒井兵庫
尾関弥四郎
近藤周平
松浦多門
相場薫三郎
細井鹿之介
上田末治
施山多喜人
石川三郎
川島勝司
田内知
室宅之介
荒井只雄
毛内有之佑
伊藤隆三
梅戸勝之進
鈴木元
木村良之介
北川熊太郎
矢口鎌一郎

三井両替店の「新選組金談一件」

京都の六角通新町西入ル所に三井両替店という豪商があった。のちの財閥・三井家であるが、慶応二年（一八六六）九月八日、新選組の井上源三郎が同店を訪れた。

折り入って相談したいことがあると井上がいうので、富次郎という同店の者がさっそく新選組の西本願寺屯所に出向いた。そこで出てきた近藤勇がいうには、

「われわれの入用金は、会津侯からお渡しくださることになっているが、それが事情があって遅れている。そこで差し当たり千両を四、五日の間、立て替えてはもらえないだろうか」

ということだった。三井両替店の富次郎は驚いたが、ともかく主人と相談のうえ返事をするといって、その場を退散した。

もっとも相談をしたところで結論は決まっている。当日のうちに富次郎は再び西本願寺におもむき、金談には応じられないという三井側の回答を伝えた。

しかし新選組側は一向に納得せず、「明朝、店の重役の者が屯所まで参るように」と一方的に告げたのだった。三井側は困惑したが、ともかく翌九月九日、同店組頭の藤田和三

郎が西本願寺に出向き、近藤と、土方歳三に面会した。

新選組の両巨頭を前にして、和三郎は緊張したが、金談の件はどうかお許し願いたいと再度懇願した。すると、意外なことに近藤は、

「昨日相談した千両を立て替えてもらう件だが、昨日のうちに半分の五百両が届いたので、もはや立て替えてもらわなくてもよくなった」

と告げ、和三郎を安堵させた。ただし、近藤の話は終わりではなく、まだ先があった。

「その件はもう済んだので、これは特に急ぐ話ではないのだが、今後、新選組の御用達商家となって、時おり顔を出してもらえないか」

近藤はそういって、和三郎の反応を見た。もちろん即答できる話ではないので、一同と相談の上でといって、和三郎は西本願寺を退出した。

どうやら近藤は、千両を借りることよりも、三井両替店を隊の御用達にして、今後の継続的な金策に役立てたいというねらいがあったようだ。あるいは、今回千両が必要だというのも事実ではなく、三井を呼び出すための方便だった可能性もある。

大変なやつらに目をつけられたものだと、三井側は嘆くしかなかった。

たまたま和三郎は、新選組が屯所にしている西本願寺の寺侍の西村兼文と顔見知りであ

ったため、どう対応したらいいかと、この西村に相談した。

西村は、維新後に『壬生浪士始末記』を著したことで知られている人物だが、このときは御用達になるのは断ったほうがいいと和三郎に答えている。当時の西村が新選組に対して、決していい感情を抱いていなかったことがうかがえるだろう。

九月二十日、和三郎は西本願寺屯所を訪れ、近藤、土方に対して、新選組御用達となることをきっぱりと断った。土方は、なんとか和三郎を翻意させようと粘ったが、ついに説き伏せることはできず、十月四日になって、御用達の件を撤回したのだった。

このときの交渉の経過は、「新選組金談一件」のタイトルで三井両替店に記録が残されている。

九月八日から約一か月に及ぶ交渉だったが、大きくもめることもなく穏便に済ますことができたのは、「新選組金談一件」で藤田和三郎が書いているように、近藤らが「とかく武士道専要と申し居り候」という話のわかる人物だったのが大きかっただろう。

同記録には、「近藤氏は穏やかなる人体、土方氏はなかなか賢才これありそうらえども、短気なる気質」と、西村兼文から得た近藤、土方の情報なども記されている。これが、実に的を射ていて興味深い。

「金談一件」が伝える隊内事情

このように三井両替店の「新選組金談一件」には、新選組に関する貴重な情報が満載されている。

特に慶応二年（一八六六）九月二十日の項には、これまでの説をくつがえすことになる新情報が多数記載されている。どのようなものであるか、まず「金談一件」の本文を掲げてみよう。

新選組
隊長　近藤　勇殿
副長　土方歳三殿　室賀美作守様御用人之次男之由
参謀　伊藤樫太郎殿
組頭　助勤共　三木三郎殿
一番隊より　武田観柳殿
八番隊迄有之

一組十人之由　井上源三郎殿
外五人
目付調役　篠原泰之進殿
外六人
勘定役　岸嶋
原田　予州松山藩ニ而脱走之由
酒井兵庫殿
右ノ内
武田氏同年十月出走之処　其後右組より召捕於途中切害之由
酒井氏同月暇相成候由
右組頭以上者一ヶ月御手当金壱人シ（十）両宛
余者セ（二）両ツヽ之由

これが、三井両替店の藤田和三郎が西本願寺の西村兼文から仕入れた、新選組に関する情報である。

まず驚かされるのが、土方歳三の注釈として、「室賀（むろが）美作守（みまさかのかみ）御用人之次男之由」と記されていることだ。

周知のとおり、土方は多摩の農家の出身で、もとは武士ではない。それが、将軍の御側衆もつとめた高級旗本・室賀美作守の用人の子だというのだから、いったいどのような情報の混乱があったものか。

考えられるのは、土方自身が周囲に対して出自を偽っていたということだ。聞いた西村兼文がすっかり信じ込み、三井の藤田和三郎にそのまま語ったのだとすれば、謎は氷解するが、真相はどうであったのだろうか。

次に目を引くのが、新選組の編成において、一番から八番までの組を「隊」と呼び、その長を「組頭」と称したという部分だ。

これまで、各組のことを「隊」と呼んだ同時代史料は一点も発見されていなかったため、各組は「組」、すなわち「一番組」などと称していたと私自身、考えていた。「新選組」のなかに「隊」があってはおかしいのではないかという思いもあった。

それが、西村兼文からの伝聞とはいえ、同時代史料に「一番隊より八番隊迄」と明記されていたことがわかったのだから、衝撃は大きかった。もちろん、「一番組」なども呼んでいた形跡はあるので、両方の呼称が使われていた可能性はある。

また、副長助勤は「組長」として各隊を率いていたとするのが従来の常識だったが、右情報によれば、「組頭」という表記になっている。これも、「組長」ともいっていた形跡があるので、両方使用されていたことが想像されるが、「組頭」のほうがより高い頻度で使われていたものか。

すなわち、「一番隊組頭・沖田総司」といういい方が標準的ということである。語感は意外と悪くない。

その、組頭の一人として記されている武田観柳（観柳斎）が、注釈によれば、「武田氏同年十月出走（脱走）之処　其後右組より召捕於途中切害之由」とされているのは注目される。

武田の殺害日は慶応三年（一八六七）六月二十二日とほぼ判明しているが、脱走時期についてはこれまではっきりしていなかった。それが、「金談一件」によって初めて明らかになったのである。

十月という時期についても、のちに西村兼文が著した『新撰組始末記』には殺害日が九月二十八日となっていて、誤ってはいるものの、それが西村による武田の脱走日の記憶だったとすれば、実は真実に近い日付だったということになるだろう。

そして、勘定役の一人として記された酒井兵庫について、注釈に「酒井氏同月暇相成候由」と記されている。酒井の脱走時期もこれまで明確ではなく、慶応元年（一八六五）のことと推定されていたが、今回、初めて慶応二年十月と認定することができた。

脱走後の酒井は、摂津住吉に潜伏していたが、新選組側に発覚し、追っ手の沖田総司に斬られて絶命する。命日については判明していない。

このほか、「金談一件」には、隊士の毎月の手当についても言及されている。

これまで同時代史料に手当の額が明記されたものはなかったが、今回、組頭以上は月額十両、残りの者は月額二両と、初めて階級別の手当額が明らかになった。現在の貨幣価値に換算すると、おおよそで組頭が百万円、残りの者が二十万円ということになる。

近藤、土方は組頭たちよりも多く貰っていると思われるので、在隊中のふところ具合はかなりゆとりがあったことだろう。新選組の研究は、このように日々進歩しており、これからも彼らの真実の姿に迫っていくことが期待されるのである。

第七章 新選組屯所（とんしょ）のすべて

屯所の変遷とその実態

上洛以来、数次の移転を繰り返した新選組の屯所。
京都時代の新選組の拠点はどこまでわかっているのか。
遺構が残る屯所から記録上の〝幻の〟屯所までを総解説。

八木源之丞邸

新選組が最初に屯所とした壬生村の郷士・八木源之丞邸は、特別な建物ではなく、ごく普通の民家だった。郷士というのは、農民でありながら名字帯刀を許された家格の者である。

文久三年（一八六三）二月二十三日、幕府の浪士組が上洛したさい、この八木邸が近藤勇ら十人の宿舎とされた関係で、新選組（壬生浪士）が結成されたあとも、引き続き彼らの宿として使用されることになった。

はじめは母屋の奥にあった離れ座敷だけを借りていたというが、そこは六畳、四畳半、三畳の小さい建物に過ぎなかったから、口の悪い原田左之助などは、

「こんなちっぽけな離れ家では、寝ているうちにずぶりと槍を突き通してかついで行かれてもわからん、安心して眠れん」

と笑い話にいっていた。それで、しだいに彼らは母屋のほうまで進出し、八木家全体を我が物顔で使うようになったのである。

関東の荒くれ者たちがいきなりやってきて屋敷を占領したのだから、八木家の人々の迷

惑は相当なものであったはずだが、しかたなく彼らとの同居生活が続けられた。あまりにも彼らが騒がしい日などは、下男や女中を残して、一家で親類のところに泊まりに行ったりしたという。

もともと、この壬生村は京都の西のはずれの小さな村であったから、本来は夜などは真っ暗で静まりかえっていた。それが新選組が駐屯するようになって以来、夜でも大声で口論したり、詩を吟じたり、島原遊郭から女を連れてきたりしたので、騒がしいこと、このうえなかった。

八木家の三男で、当時十四歳の為三郎少年は、晩年に作家・子母沢寛の取材を受け、新選組に関する貴重な談話を残している。それによれば、同家の門柱には、新選組屯所であることをあらわす標札が掲げられていたという。

「私の家の門の右の柱に、幅一尺長さ三尺くらいの檜の厚い板で、『松平肥後守御預　新選組宿』という新しい標札を出しました。この板も私の家にあったものをもらっていて、近所の大工に削らせてきたもので、これをかけると、沖田総司だの、原田左之助なんかが、その前へ立って、がやがやいいながら、しみじみながめて喜んでいました」

さすがにその標札は現存していないが、八木家の建物は現在もほとんど当時のままに残

八木源之丞邸入口と見取図

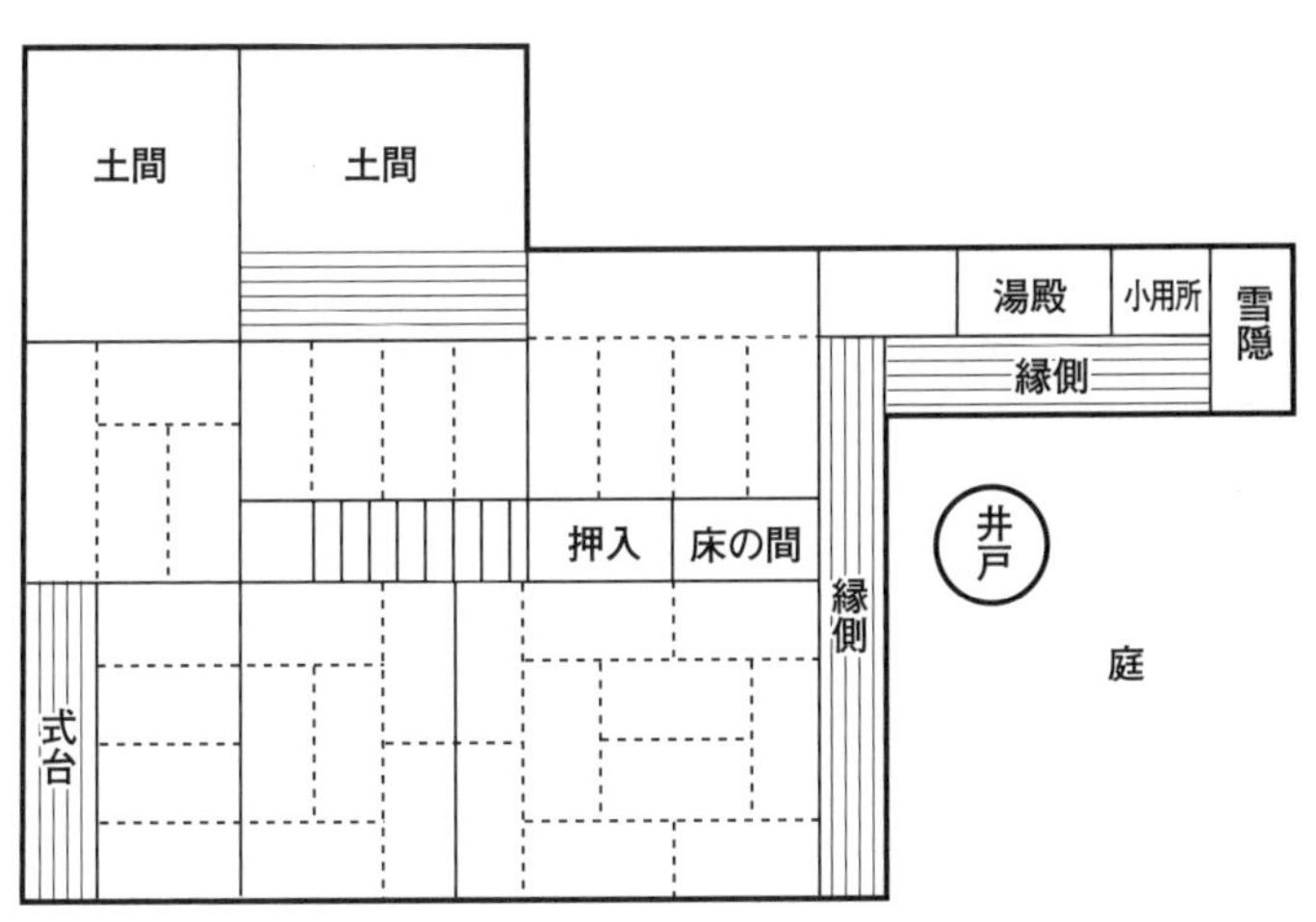

されており、見学も可能となっている。

当時の間取りは図のようなもので、左下の式台が入り口、それから真っすぐに進んだ右下の十畳間が、芹沢鴨が刺客に襲われた部屋である。そのさいに刺客が誤って斬りつけたと伝わる刀傷が、縁側伝いの隣室の鴨居に残されており、当夜の襲撃の激しさを感じさせてくれる。

ここまで屯所の現況が当時のままに残されていることは、ある意味、奇跡に近い。新選組の愛好家にとっては、幸運だったというほかないだろう。

前川荘司邸

八木邸を屯所として発足した新選組だったが、同家はそれほど広い家ではないので、隊士の人数が増えれば、どうしても収容しきれなくなってくる。そこで芹沢は、八木邸とは坊城通りをはさんで向かい側にある前川荘司邸に上がり込み、

「われわれの同志は追々に増加する。八木のところだけでは手狭で困るから、当家も拝借する」

と一方的に告げたのだった。こうして、前川邸が新選組の二つ目の壬生屯所となったの

芹沢が強引に屯所とした旧前川邸屯所（京都市中京区）

である。

この横暴に前川家の人々は閉口し、ついに屋敷をすべて新選組に明け渡して、一家で六角通の本家のほうに移ってしまった。なんとも強引な芹沢のやり方だった。

前川邸は、八木邸よりもかなり大きな敷地をもっており、屋内は合計百四十六畳の広さがあったという。北側と西側を長屋ふうに座敷でかこってあるのが特徴で、北側の長屋門が出入り口となっていた。

この前川邸も、八木邸と同様に当時の建物をほぼそのまま残してあり、長屋門の脇に現在も残る、格子の出窓の部屋は、芹沢一派の野口健司が切腹した場所と伝えられる。また、残念ながら現存はしていないが、幕末のところは西側にも同じような出窓があり、そこは山南敬助と遊女・明里の悲しい別れの舞台となった。

　初期のころは、この長屋の一部を少し改造して、剣術の道場にしていたこともある。新選組隊士にとって剣術の稽古は欠かすことのできないもので、土方歳三が中心となって、毎日のように激しい稽古がおこなわれた。

　そのうちに、さらに新入隊士が増えてくると、長屋を道場などにはしておけないということになり、そこは隊士たちの部屋に再改造された。かわりに八木邸の東側の敷地に独立した道場が建てられ、文武館という名称もつけられた。これは、東西に三間半、南北に八間ほどの規模で、武者窓などもつくられた立派なものだった。

　ところで、新選組の壬生屯所といえば、一般にこの八木邸と前川邸の二か所ということになっているが、実際には屯所はもう一か所あった。八木邸の南に隣接する南部亀次郎邸がそれだ。

　永倉新八の『浪士文久報国記事』に、「壬生郷士前川庄司宅、八木源之丞隠宅、南部亀次郎宅旅宿いたす」と記されていることでもわかるように、彼らは南部邸をも屯所の一つとして使用していた。

南部亀次郎もまた地元の有力郷士で、はじめ幕府浪士組が上洛したときには、浪士の分宿先の一つにあてられていた。加えて八木邸に隣接している立地条件もあり、新選組は第三の屯所として同家を借用したのだろう。

残念なことには、この南部邸は八木邸、前川邸と違って、現在その建物が残っていない。新選組の屯所として往時をしのぼうにも、遺構が何もないのでイメージがわきにくい。そのために南部邸が屯所であったという事実も、いつしか人々から忘れられてしまったのである。

「ほうぼうに泊まっている隊士を集めるときは、前川坊城通西口へ出て、カチカチという拍子木を鳴らしました」

八木為三郎の談話からは、三軒の民家に分宿する新選組隊士の実際の姿をうかがうことができる。

西本願寺屯所

池田屋事件のあと、新選組はそれまでの五十人ほどから、百三十人もの大所帯にふくれあがった。そうなると、いよいよ壬生の民家では全隊士を収容しきれなくなってきたため、京都市中のどこかに大規模な新屯所を探さなければならなくなった。

そこで、白羽の矢が立てられたのが、西本願寺だった。寺を屯所にするというと意外に思えるかもしれないが、当時、諸藩の軍勢が一時的に陣を張る場所の多くは寺社だった。新選組が屯所に選んだといっても、それほど不自然なことではないのである。

好都合なことに、西本願寺には本堂の北に北集会所という建物があり、諸国から僧侶が集まる大法会をおこなうとき以外は使われていなかった。そこを新選組は屯所として借り受けようというのだ。

もっとも、西本願寺が選ばれた理由はそれだけではなかった。同寺は、日頃から尊王攘夷派に肩入れしており、元治元年（一八六四）七月の禁門の変のさいには、長州藩士をかくまったりもした。それが気に入らなかった土方歳三は、西本願寺の動きを内部から監視するという目的も兼ねて、あえて屯所の候補地としたのだった。

隊内には、山南敬助のような反対派もいたが、局長の近藤が土方を支持したため、山南の意見はしりぞけられた。慶応元年（一八六五）三月、新選組は壬生村を引き払い、隊士総員は西本願寺北集会所へと移っている。

北集会所は三百畳（『壬生浪士始末記』では六百畳余）もある大きな講堂であったから、

姫路市・本徳寺に移築された、西本願寺旧北集会所

移転にあたっては大工の手を入れて、いくつもの小部屋に仕切りなおした。また、本堂との境には竹矢来(やらい)を設置して、独立した建物のようにした。

これまでとは違い、新選組も随分と立派な屯所を手に入れたものだが、やはり大講堂の改造には多少の無理があったものか、八木為三郎などは、

「本願寺の太鼓番屋へも一、二度行ったことがありますが、ほんの仮ごしらえで、ただ、ごたごたしていました」

との感想を残している。太鼓番屋(太鼓楼)というのは、集会所の東側に位置し、現在も遺構を残す建物だ。為三郎によれば、新選組はこの太鼓番屋も屯所に使用していたこ

とになるが、集会所とは違って小さい建物であるから、あくまでも補助的に使っていたものだろう。

さて、移転を完了した新選組は、西本願寺の広い境内を利用して、日々、軍事訓練を行った。甲州長沼流をよくする武田観柳斎が師範となり、大砲を何発も撃ちはなつ。もちろん弾は込めていない空砲だったが、その轟音は本堂の屋根瓦を震わせ、僧侶たちをおびえさせた。

たまりかねた僧侶たちが会津藩に訴えたため、会津の公用方から、「洛中においての大小砲の発声は、禁裏に対し憚(はばか)りがある」と近藤に注意があり、なんとか大砲訓練だけは中止された。以後は、月に二度ばかり壬生寺まで出張して訓練はおこなわれることになった。

なお、現在、西本願寺の敷地内に北集会所の建物は残されていない。維新後、兵庫県姫路市亀山の本徳寺に移築され、同寺の本堂として使用されているのだ。

もちろん、内部は本徳寺の本堂に適したように改修されてはいるが、北集会所であったころとそれほど変わっていないという。新選組の全盛期の勢力をしのばせる雄大な建物である。

不動堂村屯所

大砲訓練こそ中止されたが、何かにつけて乱暴なふるまいの目立つ新選組は、西本願寺にとっては悩みの種だった。やむなく彼らは、西本願寺側が費用を出して、新しい屯所を建築するという条件で、新選組に立ち退きを依頼した。

これを新選組が了承したことで、慶応三年（一八六七）六月、醒ケ井七条下ルの不動堂村に建てられたのが、不動堂村屯所である。新選組にしてみれば、ただで新築の屯所を建ててもらえたのだから、笑いのとまらない話だった。

移転の時期は、この年の秋ともいわれていたが、隊士・宮川信吉の同年六月二十四日付の手紙が発見され、「七条通り下ル処に新規に屋敷を補ひ、当月十五日、家移り致し候」と記されていることから、六月十五日の移転が明らかになった。

建物の概要については、『壬生浪士始末記』に、このように記されている。

「表門、高塀、玄関、長屋、使者ノ間、及ビ長廊下、諸士ノ部屋々々、近藤、土方等ノ居間、客舎、厩、物見、仲間、小者ノ部屋ニ至ル迄、勝手好ク美麗ヲ尽シ落成ス」

また、隊士・池田七三郎（稗田利八）は、『新選組物語』（子母沢寛著）のなかで、次のように語っている。

「屯所は、真中が広間で、右にも左にも広い廊下がずうーッと通って、右側は部屋が幾つもならんでいて、これに平同志がいる。左側にも同じく沢山部屋があるが、これは副長助勤の人達が入っている。今でいうと大きな高等下宿か寄宿舎のようなものでした」

これらの話からは、まるで大名屋敷を思わせるかのような、屯所の威容が伝わってくる。発足以来、民家や寺の軒下を借りて生活してきたような新選組にとっては、はじめて手に入れた自分の城ということができた。近藤以下の隊士たちの喜びもひとしおであったことだろう。

しかし、彼らがこの屯所で過ごしたのは、わずか半年に過ぎなかった。慶応三年十二月十二日、新政府軍との一戦にそなえて出陣した新選組は、その後、二度とこの屯所に帰ってくることはなかったのだ。

せっかくの新屯所もあるじが不在ということになり、建物はやがて解体、撤去されてしまう。新選組最後の京都屯所は、こうして姿を消した。その使用期間の短さが原因で、現在ではどこに建っていたのか、正確な位置を知ることすら困難になっている。

八木為三郎でさえ、昭和三年（一九二八）に、子母沢寛の取材を受けた時点で、

不動堂村屯所跡地（京都市下京区）

「只今はどうしたものか、その建物は跡形もなく、民家が建ち並んで、ちょっとその場所がはっきり見分けさえつかなくなりました」

と語っている。道路開発の進んだ現在では、なおのことだ。

それでも、西村兼文の「堀川通ノ東、木津屋橋ノ南」とか、池田七三郎による、「醒ケ井通り七条下ル三丁目」といった記述から判断して、現在の堀川通塩小路上ル東側に位置していたことは、ほぼ間違いないだろう。資生堂のビルが建っているあたりである。

不動堂村屯所は、その存在感のなさから「幻の屯所」などと呼ばれることがあるが、いつか真実の姿を明らかにする新史料が発掘されることを期待したい。

第八章
新選組をめぐる女たち

芹沢鴨をめぐる女たち
愛する男に殉じた美貌の愛妾

お梅という女

新選組初代筆頭局長の芹沢鴨には、京都に一人の愛妾があった。それが、後に最期の時もともにすることになる、お梅である。

お梅は京都四条堀川の太物問屋、菱屋太兵衛の妾であった女性だが、新選組の屯所に掛け売りの代金を取りに来たときに、芹沢に見初められた。

もともとお梅は、菱屋の妾になる前は島原の遊女であり、明らかに素人ではない、あか抜けのした美人であったという。その美貌については、新選組が屯所を置いていた八木家の次男・為三郎もこう語り残している。

「このお梅というのは、二十二、三になるなかなかの別嬪(べっぴん)で、眼元のいい口元のしまったきりりとした色の白い女でした」(子母沢寛著『新選組遺聞』)

当時はまだ十四歳の少年の為三郎にとっても、お梅の存在は印象深いものだったようだ。子母沢寛の取材を受けた昭和三年(一九二八)から六十五年も昔のことにもかかわらず、そのきわだった容貌について、はっきりと記憶している。

芹沢の同僚の隊士たちの間でもお梅の評判は高く、

「女もあの位別嬪だと惚れたくなる」(同書)

とみな言い合っていたという。女などというのは惚れるべきものではないが、お梅ほどの美人であれば話は別ということだ。その器量のよさが群を抜いていたことがわかるだろう。

これまで幾多の女性と接してきたであろう芹沢にとっても、お梅はひときわ魅力的な存在だった。それで、掛け取りにやってきたお梅を見るや、八木邸の母屋に招き入れ、強引に自分のものにしてしまったのである。

少々意外に思われるのは、そのあとの展開だ。ひとたび芹沢に肌を許したお梅は、なんと自分を汚したこの男に対して逆に心惹かれるようになったらしい。いつしか主人の太兵衛の目を盗んで店を抜け出し、自分から芹沢のもとへ通うようになったのだった。

「いくらか浮気な女であったかも知れません」というのは、前掲書中の八木為三郎の感想である。確かにお梅の場合、もともとが玄人であったこともあり、普通の町娘などよりは男性に対して積極的だったようだ。

それでも、芹沢がただ乱暴なだけの男であったなら、あとあとまで通いつめるほどのことはなかったに違いない。やはり芹沢のほうに、お梅をそうさせるほどの魅力があったと考えるべきか。

芹沢という人物を、どのように評価すればよいかは意見の分かれるところだが、少なくともお梅にとっては、男性的魅力に満ちた頼りがいのある存在だった。お梅ほどの男性経験の豊富な女性がそう評価するのだから、芹沢の魅力もかなりのものであったということになるだろう。

最期をともに

このお梅には、新選組隊士の女としてほかに例をみない悲劇的な末路が待ち受けてい

角屋の建物は現在「角屋もてなしの文化美術館」となっている

た。それは、愛する芹沢とともに刺客に襲われ、斬殺されるという最期だった。

京都市中での、度かさなる押し借りや、生糸問屋大和屋を焼き討ちした事件など、新選組の名を汚す行為の目立った芹沢を、近藤勇らはいつまでも見逃しておけなかった。京都残留以来、ともにやってきた同志の芹沢を処分するのは忍びなかったが、新選組の名誉を守るためには最後の手段を用いるのもやむをえないことだったのだ。

暗殺が実行されたのは、文久三年（一八六三）九月十八日。この日、隊の集会を兼ねた宴会が島原の角屋で開かれ、芹沢は泥酔して屯所の八木邸に帰ったところを、近藤一派の者に襲われた。

この最期のときに、芹沢のそばにはやはりお梅がいた。当日お梅は、日暮れ前から八木邸にやってきて、芹沢が島原から帰るのを待っていたという。

普通に考えれば、島原という遊郭で宴会が開かれるのだから、芹沢はその日のうちには帰ってこない可能性も高かった。現に、多くの隊士たちがその日は島原に泊まって屯所には帰っていない。

とすれば、あらかじめ芹沢とお梅は八木邸で待ち合わせていたことになるが、遊郭で宴会が開かれる夜にまで、逢瀬（おうせ）の予定があったとも考えにくい。なぜお梅はひたすら待ち続け、芹沢のほうもわざわざ島原から戻ってきたのだろうか。

おそらくは、芹沢に会いたい一心でやってきたお梅が、島原に人を遣わして、自分が待っていることを芹沢に知らせたのだろう。そして、知らせを受けた芹沢は、宴会もそこそこに切り上げて、お梅に会うために八木邸へ帰ってきたものと考えられる。

つまり、芹沢にとってお梅は、宴席で自分にはべっていた島原の女性たちよりも、もっと大切な存在であったということになる。これは、芹沢とお梅の関係を考えるにあたって、見逃せないポイントといえるだろう。芹沢は芹沢なりに、お梅を誰よりも愛しく思っていたのだった。

結果的には、それが災いして、芹沢とお梅は近藤一派の土方歳三、沖田総司らに斬殺されることになる。

泥酔状態のまま、お梅と寝所に入った芹沢は、やがて心地よく寝入ったところを襲われた。全身に刺客の斬撃を受け、さしもの芹沢もその場に絶命した。

同衾（どうきん）していたお梅も、血の海のなかで息絶えていた。土方らがお梅まで一緒に斬るつもりであったかどうかはわからないが、強敵の芹沢を一瞬の内に仕留めるためには、多少の犠牲は仕方がないと思っていたのかもしれない。

芹沢もお梅も、なきがらは下着ひとつつけていない裸体であったという。芹沢という男に惚れたがために、なんとも哀れな最期をとげることになったお梅。

その愛する芹沢とともに死出の旅路につくことができたのは、せめてもの救いであっただろうか。

沖田総司をめぐる女たち
最期のときに総司は独りだった

医者の娘

新選組一番組長・沖田総司には、色恋に関する話はあまり伝わっていないが、京都のころに恋人がいたという逸話が一つだけ残されている。

証言の主は、維新後に近藤勇の娘・たまの夫となった近藤勇五郎で、昭和四年（一九二九）五月、作家・子母沢寛の取材に応じて次のように語ったという。

「新選組の人たちは、相当女遊びをしたようでしたが、沖田は、余りそんな遊びをしなかった代わりに、京都で、ある医者の娘と恋仲になったのです。これは沖田も話していましたし、勇も、母（つね）へ話しているのを聞きました」（子母沢寛著『新選組遺聞』）

医者の娘というのは、自分の病気（肺結核）の治療のために通っていた医者の娘なのだろうか。断定することはできないが、そうである可能性は高いだろう。ほかの隊士のように遊廓で玄人の女と遊ぶのではなく、沖田は市井（しせい）の女性を愛し、真剣な恋愛をしていたのだった。

しかし、この恋は実ることはなかった。勇五郎の談話は次のように続けられている。

「勇は、自分達の行末を考えていたためか、或時沖田へしみじみと訓戒して、その娘と手を切らせ、何んでも、勇自身が口を利いて堅気の商人へ嫁入らせたとの事でした」

近藤が、沖田と娘を別れさせた本当の理由はわからない。あるいは、生来の武士身分であった沖田に、町人の娘をめあわすのは不釣合いと考えたのかもしれない。

近藤自身も江戸のころ、自らは浪人身分に過ぎなかったにもかかわらず、清水家家臣という名家の娘である、つねを娶（めと）っていた。武士として生きるものは、結婚相手の家格も重視しなければならないというのが、近藤の考え方であったのだろう。

娘との仲を引き裂かれた形になった沖田は、さすがに落胆したらしい。勇五郎の談話はこう締めくくられている。

「沖田は、よく私へこの娘のことを話していました。ふだん無駄口ばかり利いている男ですが、この娘のこととなると、涙を落として語ったものです」

いつも冗談ばかり言っている陽気な性格と伝わる沖田が、人目もはばからず落とす涙。娘に対する気持ちはそれほど真剣なものだったのだ。

ところが、この話には異説ともいうべき話が別にあって、そこにはきわめて興味深い内容が語られている。発表されたのは昭和十二年七月二十二日付の「都新聞」で、情報の提供者は沖田の姉・みつの孫の沖田要(かなめ)だった。それによれば沖田は、

「京都にある中、某医師の娘と恋に落ち一女を設けた」

というのである。医師の娘というからには、前出の娘と別人とは考えにくい。二人は別れる前に女の子をさずかっていたのだった。

ただし、その子の消息についてはほとんどわかっていないのだという。記事はこう続けられている。

「その娘の成れの果てについて、最近八方捜査したが、十歳位から後の転々とした身の最後は、とうとう判明されなかった」

医者の娘というのが同一人物であるならば、女の子は前出の商人のもとで育てられたと

いうことになるが、どうやら満足な愛情は受けることはなかったようだ。あるいは新選組の沖田の子ということで、明治の新時代においては、ことさらに冷たい仕打ちを受けたのかもしれなかった。

沖田総司が残した唯一の血統が、こうしていつの間にか絶えてしまったとすれば、それは残念というほかにない。

もっとも、この話が事実という確証はなく、沖田家に密かに伝わっている「伝説」ともいうべき話であることは留意しておきたい。事実、沖田に子供がいたのかどうか、今となっては闇の中としかいいようがないのである。

沖田氏縁者

沖田には、ほかにもう一つだけ、恋人の存在をうかがわせる記録がある。新選組屯所があった京都壬生の光縁寺(こうえんじ)に、沖田の恋人であったらしい女性の埋葬記録が残されているのである。

同寺の過去帳の慶応三年(一八六七)の頁には次のように記されている。

「真明院照誉貞相大姉　四月廿六日　沖田氏縁者」

沖田氏というだけでは、総司のことかどうか判然としないが、同寺によれば、檀家のなかに沖田姓の者はいないという。この女性の直前の、四月十五日に葬られているのが新選組の田中寅三であることも考え合わせると、沖田氏が新選組で名高い沖田総司をさしているのは間違いないところだろう。

では、縁者というのは、沖田とどのような関係にあった女性なのだろうか。妻や血縁の者であるとすれば、間柄が必ず記載されるはずであるから、この場合に該当する者はいない。

とすれば、他人でありながら沖田にとって大切な女性ということになり、それは普通に考えれば、恋人である可能性が高いといわざるをえない。

ただし、未婚の女性が死亡すれば、実家が葬儀をおこなうのが当然であるから、この女性の場合はそれができない事情があったことになる。たとえば実家が京都からはるかに離れた遠方であった、あるいは天涯孤独の身の上だった、などという事情である。

一つの仮説を立てるならば、沖田は、どこか遠い故郷から出てきて京都で働いていた娘と恋仲になり、その娘が早すぎる死を迎えたとき、みずからの縁者として光縁寺に葬ってやったのではないか。

沖田氏縁者の墓は壬生の光縁寺にある（京都市下京区）

あるいは、正式に夫婦にこそなっていなかったものの、すでに一緒に暮らしていた仲であったかもしれない。新選組では、幹部隊士は屯所の外に休息所と称する家を持つことが認められており、そこに女性を住まわせていた隊士も少なくなかった。

沖田には、そうした家を持っていたという記録はないが、記録がないというだけでは実体がないということにはならない。実は沖田にも愛する女性と暮らした家があり、そこに住んでいたのが沖田氏縁者であった、そのように考えることは十分に可能だろう。

なお、沖田氏縁者については、光縁寺の過去帳に記録だけが残されていて、長い間、墓碑はなかったが、昭和五十一年になって住職の歓誉師のはからいで新しい墓碑が建てられた。地下に眠る沖田氏縁者にとっては、何よりの供養になったのではないだろうか。

近藤勇の養女

このほかに、沖田と恋仲であったのではないのだが、女性のほうが一方的に好意を寄せていた、というケースがあった。相手は近藤勇の養女であったという。

この逸話は、新選組とは関係の深い小野路村の名主・小島鹿之助の子の守政が著した「慎斎私言(しんさいしげん)」に記されている。原文には次のようにある。

「勇先生有養女、気豪常佩刀、愛恋於沖田総司之勇、請為妻把箕箒、総司固辞、女自愧、以刀刺喉、而不殊、徳復生、後嫁人云」(小島政孝著『新選組余話』)

これによると、近藤勇には一人の養女があった。この女性は気性が荒く、いつもふところに短刀を持っていた。そんな彼女が沖田総司に恋をして、あるとき、沖田に向かって妻にしてほしいと願い出た。

しかし沖田がこれを断ったので、娘は自らを恥じ、短刀で喉を突いて自殺をはかったというのだ。幸いに命は助かり、その後は沖田のことをあきらめ、ほかに嫁いでいったと記されている。

娘はよほど沖田が好きだったのだろう。それで、女性のほうから男性に愛を告げるのは恥ずかしいこととされていた時代にもかかわらず、思い切って胸の内を告げたのだった。

そんな決死の想いが通じず、あまりの恥ずかしさに思わず死のうとしたというのもよくわかる。激しい気性とはうらはらの純情な心の持ち主だったのだろう。

幸運にも一命をとりとめ、のちにほかの男性と結婚したという結末には救われる思いがする。これがもし命を落とすようなことになっていたら、娘も哀れであるし、また沖田にとってもつらすぎる。嫁いでいった娘の幸せを誰よりも願っていたのは、当の沖田であったに違いない。

なお、この逸話についてはいつごろのことであったのか年代がわかっていない。イメージ的には江戸の試衛館のころのように感じられるが、近藤に養女がいたというのだから、江戸のころでは実態にそぐわないようにも思われる。

そこで、京都時代の近藤の周辺を調査すると、小島鹿之助の父の政則が著した「小島政則聴書」の元治元年（一八六四）七月三日の頁に、次のような記載があるのが注目される。

「近藤は養女迄致し候由、十三歳位の趣也」

確かにここに近藤が養女を得たことが記されているのだ。事実かどうかはわからない。あるいは、この時期に養子とした近藤周平（谷昌武）のことが誤り伝わったのかもしれない。

しかし、もし事実であるとしたら、逸話の娘に該当するのは、まさしくこのときの養女であったとも考えられるのである。年齢は十三歳と、やや幼すぎる感もあるが、伝聞の誤り、もしくは事件があったのが、二、三年後のことであったとすれば問題はない。

新選組一番隊組長として、京都を守るために日夜働き続ける沖田の姿は、娘の目にはこの上なく魅力的に映っていたのだろう。

母と姉たち

沖田総司をめぐる女性として、このほかに母親と姉たちのこともふれておきたい。

まず母についてだが、不思議なことにまったくといっていいほど情報がない。父の沖田勝次郎は、沖田が四歳のときに死亡し、菩提寺の専称寺に葬られたことがわかっているが、母のほうはいつ没したかはもちろんのこと、名前さえも伝わっていないのだ。

専称寺の過去帳には、「誠心院清室妙林大姉　八月九日　沖田林太郎生母」という記載が、文久二年（一八六二）の頁にみられるが、これは文字通り沖田の義兄である林太郎の生母のことだろう。沖田自身の生母にあたる女性の記録は過去帳のどこにも見あたらない。

死亡記録がないとすれば、生きて沖田家を去ったということになる。事情は不明だが、母は沖田を産んだあと、離縁されてしまったのかもしれない。現状では、そのように考えるほかにないのである。

次に長姉のみつは沖田より九歳上の天保四年（一八三三）生まれ。沖田家の家伝では、弘化三年（一八四六）、十四歳のときに日野宿の農民・井上林太郎を婿に迎え、白河藩士である沖田家の家督を相続させたという。

しかし、弘化三年であれば、すでに嫡男の沖田が五歳になっており、他家から養子を取るタイミングとしては不自然に思える。あるいは、家伝のほうに誤りがあって、実際には沖田が誕生する前に、すでに林太郎は養子に迎えられていたのではないか。そう考えれば、疑問は一気に解決する。

なお沖田家を継いだ林太郎は、その後、理由は不明ながら白河藩士としての籍を失ってしまうが、文久三年には幕府の浪士組への参加を経て、庄内藩お預かりの新徴組に加わった。これによりみつも、新徴組の妻として江戸飯田町の屯所内に住み、そのまま幕府の瓦解を迎えるのだった。長男の芳次郎以下、生涯に四人の子に恵まれ、明治四十年（一九〇七）に七十五歳で没している。

もう一人、次姉のきんは、みつよりも三年後の天保七年に生まれた。十七歳のころに三根山藩士の中野由秀に嫁ぎ、同藩の江戸屋敷で夫とともに暮らしたと伝えられる。

中野家は二十三俵三人扶持であり、二十二俵二人扶持の沖田家と変わらない低禄であったが、苦しい暮らしに慣れているきんにとってはそれほどのことではなかっただろう。生涯に六人の子に恵まれ、明治四十一年、七十三歳で没した。

残念であったのは、みつもきんも幕府の瓦解に伴い、江戸を離れて、夫の藩地におもむかなければならなかったことか。みつは慶応四年（一八六八）二月二十六日に一家で出羽庄内へ向かい、きんは同じく二十五日に越後(えちご)三根山へ向かっていた。そのため同年五月三十日、千駄ヶ谷の植木屋平五郎方で沖田が息を引き取ったとき、身寄りの者は誰もついていてやれなかったのである。

恋人も、母も、姉たちでさえも、その最期のときには誰一人としてそばにはいなかった。悲運の剣士沖田総司にとっての、もう一つの哀しい運命であった。

column:3

女性に弱かった近藤の素顔

豪胆で無骨なイメージのある近藤勇。
「誠」を旗印にしていた新選組のリーダーも、こと相手が女性となると、話は違ったようで……。

ほうぼうの色街に馴染みがいた

京都で尊王派浪士を震えあがらせた新選組局長の近藤勇も、女性には弱かった。

江戸に、つねという愛妻を残して上洛した近藤は、隊務の合間に遊廓で遊ぶこともあり、馴染みの女性もつくるようになっていた。とくに元治元年（一八六四）六月に池田屋事件で名をあげたあとは、女性たちからの近藤を見る目も違ってきたようで、ほうぼうの色街に馴染みがいるような状態になっていた。

その実態については、部下の隊士・島田魁が維新後に証言を残しており、島田から取材した鳥居華村という人が明治二十二年（一八八九）に、雑誌『江戸会誌』で紹介している。ほかの史料には書かれることのない貴重な内容であるので、ここに掲げてみたい。

「（近藤が）京幾にありしとき、大坂新町織屋の抱え深雪太夫、齢二十三、四、背すらりと高く美人なり。これを受け出し興正寺下屋敷に囲い置きしが、病死せしにつき、同人の妹年齢二十年くらいにて、これも美人なり（太夫か天神なりし）、名を孝というを受け出して新撰組瓦解のときまで同所に置きけり。右二人を受け出すについての周旋人は大坂八軒家京屋忠兵衛という者なり」

近藤の最愛の妾として知られる深雪太夫と、妹・お孝のことが語られている。

column:3

『新選組始末記』（子母沢寛著）には、維新後の明治四十四年に、七十一歳で存命だった深雪太夫と作家・鹿島淑男が偶然に出会った話が引用されているが、深雪は島田によれば確かに維新前に没しているため、これは鹿島の作り話であったとしか考えられない。

しかも『始末記』では、深雪が病気療養中に、近藤とお孝がいい仲になってしまい、やむなく深雪は身を引いたことになっている。それでは近藤があまりにひどい人間のように思えるから、事実はそうでないことをここに明記しておきたい。

美人であろうがなかろうがかまわない？

とはいえ、近藤がほうぼうに女性をつくっていたことは事実で、島田魁の証言はこう続けられている。

「（近藤は）また京都三本木の芸妓駒野（こまの）に馴染み、男子出生す。同上七軒（かみしちけん）の芸妓植野（うえの）といえるをも引かして同人の父の家に遊ばせ置きしが、これは美人にはあらざりし。父は天神の御前通りにて所司代の大部屋親方なり。この頃また同島原木津屋抱え金太夫に馴染みて通いしなり。この金太夫は当時有名の美人にて年齢二十三歳なりし」

三本木の駒野、北野上七軒の植野、島原木津屋の金太夫と、実名をあげて近藤の艶聞(えんぶん)が語られている。美人であろうがなかろうが、かまわないというのがおもしろいが、駒野の場合のみは子をなしていたというのが注目される。

近藤には、正妻のつねとの間にもうけた長女・たまのほかにも、実子があったのだ。ただし、この男子についての記録はほかに何もなく、維新後の消息も判明していないのは残念なことである。

前述した『始末記』鹿島淑男の証言によれば、お孝のほうにもお勇という名の女の子ができたことになっているが、それについては史料的に確認できない。深雪太夫生存説と同様に、作り話とみるしかないだろう。後世に書かれた文献に接する場合、どこまでが史実として認められるものなのか、読者のほうでも見極めていかなければならないのである。

島田魁の証言は、最後にこう締めくくられている。

「氏が常に遊びし茶屋は祇園町石段下の山絹(やまぎぬ)、ここにも馴染みの妓ありしも以上のごとく深からず。二条新地大垣屋、そのほか各遊所に通いしといえども、隊士の怠惰をいましむる職なるをもって公然登楼などはなさざりし」

随分と派手に女性関係をもっていたように思える近藤だが、やはり隊士たちの目は気にしていたようだ。彼女たちのもとに通うときも、公然としてではなく、あまり目立たないように気をつけていた。そうまでして女性たちのもとに通う姿からは、幕末の英雄でも何でもない、人間味あふれる近藤の実像が浮かびあがってくるように思えるのである。

第九章

土方歳三

鬼の副長は
なぜ
戦い続けたのか

勝機なき最果ての地への転戦

近藤と別れた土方は、旧幕軍を率いて宇都宮城へ向かう。
獅子奮迅(ししふんじん)の働きをしつつ、会津へ、そして箱館へ……。
戦いの地を求めて突き進む彼は、一体何を目指していたのか。

近藤勇との別離

その知らせが土方歳三のもとに届いたのがいつのことであったのか、正確にはわかっていない。

慶応四年（一八六八）四月二十五日、盟友の近藤勇が、板橋宿で新政府軍によって処刑されたという知らせである。

同月三日、下総流山で新政府軍に陣屋を包囲されたあのとき、自刃（じじん）すると言い張った近藤を押しとどめ、敵陣に投降させたのは土方だった。万に一つの可能性でも、近藤を生き延びさせられる道があるのなら、土方はそれに賭けてみようと思ったのだ。

しかし、結果は最悪のものとなった。近藤は命が助かるどころか、武士として切腹することも許されない断首の刑に処せられた。そのうえ、首は江戸と京都で罪人としてさらされることになり、近藤という人間の名誉は、泥まみれのものになってしまったのである。

土方は激しく後悔したことだろう。あのとき近藤の言うとおりに自刃させてやれば、まだ武士としての誇りを守ることができたのだから。そんな何よりも大切なものを、結果的に自分が奪ってしまったのではないかと、土方は自身を苛（さいな）んだに違いなかった。

流山で近藤と別れたあとの土方は、わずかな側近たちとともに旧幕府脱走軍に加わっていた。四月十一日、江戸城が新政府軍に明け渡されたその日、抗戦を主張する旧幕臣ら二千人が江戸を脱走して下総国府台(こうのだい)に集結しており、土方もこれに参加したのである。

全軍を統率する総督には旧幕府歩兵奉行の大鳥圭介が就任したが、土方もまた、衆に推されて、参謀に選出された。京都で新選組副長として倒幕派を取り締まった実績が評価されてのことだった。

先鋒軍千人を率いて国府台を出発した土方は、四月十九日、下野(しもつけ)宇都宮に到着し、すでに新政府軍のものとなっていた宇都宮城を攻撃した。この戦いで、早くも土方の本領が発揮されることになる。

銃撃戦のさなか、敵にうしろを向けて逃げ出そうとした自軍の兵士がいた。これを、「退却しようとする者は誰でもこうだ」といって、一刀のもとに斬り捨ててしまったのである。

この制裁に震え上がったほかの兵士たちは、猛然と攻撃に転じ、やがて宇都宮城を陥落させた。土方の荒療治がみごとに功を奏したのだった。

もっとも、そうした周囲への波及効果を土方自身が戦闘中にどれだけ意識していたかはわからない。敵前逃亡した兵士の姿を見て思わずかっとなり、刀を振り下ろしてしまったということも考えられるからだ。

なにしろ土方歳三といえば、気が短いことでも知られており、京都時代のものとして、次のような証言も残されている。

「土方氏はなかなか賢才(けんさい)これありそうらえども、短気なる気質——」

すぐれた才知を持ってはいるが、短気なのが欠点であるというのだ。これは慶応二年(一八六六)に土方と出会った、三井両替店の者が記録したものである。同じ記録のなかで近藤勇については、「穏やかなる人」とされているから、土方の短気さがいかにきわだっていたかということだろう。

戦い続ける以外に道はない

宇都宮城は、残念ながらその後、まもなく新政府軍に奪い返され、土方ら旧幕府軍は奥州会津へと北上した。会津は京都のころに新選組の上部組織であった雄藩(ゆうはん)であり、またこのころ旧幕府勢力のよりどころとなっていた存在だった。

土方はこの会津の地で徹底抗戦し、押し寄せる新政府軍を食い止めるつもりだった。流山で散り散りになっていた新選組の同志もようやく集結し、敵を迎え撃つ用意は整っていた。

しかし、戦力的に勝る新政府軍の進攻を阻止することはやはりできなかった。八月二十一日、藩境の母成峠を突破されると、そのまま敵は怒濤の勢いで会津城下に攻め入り、市中を占拠した。峠に布陣していた守備陣のなかには土方と新選組の姿もあったが、衆寡敵せず、惨敗をとげることになった。

頼みの会津が敗れ、失意の土方は、転陣先の仙台で旧幕府海軍副総裁の榎本武揚と出会う。榎本の構想では、自分の率いてきた旧幕府艦隊で蝦夷地（北海道）に渡り、そこで最後の抵抗をこころみようというのだった。

もちろん土方はこれに乗った。こうなれば最果ての地でもどこへでも行き、新政府軍と戦い続ける。それ以外に自分のとるべき道はない、と信じていた。

ただし、このころになると土方は、必ずしも勝利を得ることに固執しないようになっていた。仙台で再会した旧幕府の医師・松本良順に対して語ったという土方の言葉が残されている。

「このたびの一挙は、三百年幕臣を養ってきた幕府が倒れるときに、命を賭けて抵抗する者が一人もいなくては恥ずかしいという思いからなのだ。とうてい勝算のあるものではない」

勝ち目がないことを知っていながら、それでも土方は戦い続けようとしていたのだ。言葉はさらにこう続けられている。

「われらのごとき無能者は快く戦い、国家に殉ずるだけだ」

そう自嘲気味に言い放つ、土方だった。

土方ほどの頭脳があれば、確かにこの戦いに、ほとんど勝機のないことはわかっていただろう。それはたとえ蝦夷地に渡ったところで変わるものではない。終幕を迎えるまでの時間が多少長くなるだけのことに過ぎなかった。

だからこそ土方は、その限られた時間のなかで完全燃焼しようと心に決めていた。大切なものは、もはや勝敗ではない。幕府に恩を受けた者として節義をまっとうすることだけだった。

別人のように温厚に

慶応四年は九月八日に、明治元年と改まる。そんな時代の流れに逆らうように、旧幕府軍艦隊は仙台を出航して十月下旬に蝦夷地に着いた。

彼らが本拠地としたのは箱館（函館）の五稜郭という日本初の西洋式城郭で、そこで明治政府から独立した新政権が打ち建てられた。総裁の榎本武揚以下、閣僚の顔ぶれも決められ、陸軍奉行に大鳥圭介、そして次官の陸軍奉行並に土方歳三が任命された。もはや土方の存在は、旧幕府軍にとって欠くことのできないものとなっていたのだった。

この箱館にも、本土と同様に歓楽街はあったから、月の一度の給金が出た日などは、兵士たちは喜び勇んで街に繰り出した。やがて、雪解けと同時にやってくるであろう敵との決戦を前に、つかのまの平穏を楽しんでいたのである。

しかし、そのなかで土方だけは違っていた。記録はこのようにある。

「諸将士、みな歓呼酔飽、あるいは声色に溺るる者あり。歳三、ひとり粗食にみずからあまんじ、婦人を近づけず」

京都のころ、あれだけ女性関係の派手だった男が、この変わりようはどうだろうか。明治政府軍との決戦のことを思うと、呑気に遊んでいる気分になれないということもあっただろうが、それよりも、やがて来る終末の時を前にして、みずからの心を静かに研ぎ澄ましているかのような印象がある。

土方らが立てこもった五稜郭（北海道函館市）

変わったといえば、このころの土方は周囲のものが見ても明らかに変わってきていた。
「性質あくまで剛直なりしが、年の長ずるに従い温和にして、人の帰すること赤子の母を慕うがごとし」

これは京都以来の新選組隊士、中島登（のぼり）による土方評である。京都のころ、いや、宇都宮の戦いのころまであれだけ気性が激しく短気だった男が、ここにきて別人のように性格が温厚になっているというのだ。しかも、赤ん坊が母を慕うかのように兵士たちに信頼されているというのだから、いかに土方が人間的に成長していたかということである。

勝敗を度外視して、節義をまっとうすることだけを考えるようになったとき、土方はようやく肩の荷を下ろすことができた。そうして生まれた精神的なゆとりが、性格の穏やかさとなってあらわれていたのかもしれない。

一本木に散る

明治二年（一八六九）四月、明治政府軍の蝦夷地進攻が開始されると、予想通り、旧幕府軍は窮地に立たされた。

土方の率いた軍勢は局地戦では健闘したが、なにしろ多勢に無勢であり、全体の戦況をっていた。

好転させるまでには至らなかった。五稜郭の本営が陥落するのも、もはや時間の問題とな

この状況をみて、総裁の榎本はついに全面降伏することを決意する。三千人の軍勢を率いてここまでよく戦ってきた榎本だったが、その目的は蝦夷地に独立政権を作ることのみにあり、それがならなかったときに、最後の一兵まで戦い抜くというような覚悟までは持ち合わせていなかった。

この榎本の降伏の意志を知って、愕然（がくぜん）としたのが土方だった。

「ああ俺は死に遅れた。もしわが軍が敵と和睦（わぼく）するようなことになれば、あの世で近藤に合わす顔がない」

そう周囲にもらしていたという。地下の近藤に対して恥ずかしくない戦いぶりをこれまでみせてきたつもりだったが、もし敵と和睦して、はからずも生きながらえるようなことになったとしたら、近藤になんと言い訳すればいいのか。

絶望した土方は、ただ一人最後の戦いにおもむく決意をかためた。生き恥をさらすより、最後のひと暴れをしていさぎよく戦場に散りたい。近藤とともに守り抜いてきた節義をまっとうするためには、もはやそれしか道は残されていなかった。

そして五月十一日、明治政府軍が総攻撃をしかけてきたその日、箱館の一本木関門のあたりで土方は銃弾に倒れた。腹部に受けた一発の弾が致命傷となり、落馬して間もなく息を引き取った。享年三十五。

無念の最期ではあったが、もしかすると土方は薄れゆく意識のなかで、これでようやく近藤に顔向けができると安堵の笑みを浮かべていたかもしれなかった。

この七日後には五稜郭が開城し、新選組も降伏した。京都以来六年に及んだ新選組の歴史も終わりを告げたのである。

一本木にある土方最期の地碑（函館市若松区）

第十章 新選組なるほど一問一答

山村竜也氏に聞く、新選組に関する一問一答

問1 新選組はなぜ人気がある？

――最近、新選組は若い人たちを中心に絶大な人気ですが、なぜこれほどの人気を集めるようになったのでしょうか？

山村　それは滅びゆく徳川幕府に殉じた彼らの生き方が、現代の人々にも感動と共感をもって受け入れられているということでしょう。幕府がどんなに不利な状況になっても逃げ出さず、最後まで戦い抜くというのは、なかなかできることではありません。彼らのそんないさぎよい姿に私たちは憧れてしまうんですね。それと、新選組を構成する隊士たちに魅力的な顔ぶれがそろっていたことも大きいでしょう。彼らの多彩な個性が、隊に奥行き

を与えることになり、一層魅力的な集団になっていったというわけですね。

――そうした魅力を広く知らしめたのが、NHK大河ドラマ「新選組！」（2004年）ということになりますね。

山村　そのとおりです。テレビの影響というのはやはり大きいですね。ただ、ドラマで取り上げられたからといって、すべてのものが支持されるとは限りません。放送期間が終了すれば、とたんに人気が落ちてしまうというようなことはよくある話です。その点で、新選組はだいぶ違うように感じます。ドラマによって新選組の存在を知った若い人たちが、放送終了後も新選組に興味を持って親しんでくれている。これは嬉しいことですし、それだけ新選組に本当の魅力があったということにもなりますね。

問2　新選組は人斬り集団か？

――そうはいっても、新選組はしょせん人斬りを仕事にしていたのだから、ほめられたものではないという見方もあります。

山村　いや、それは違いますよ。新選組は尊王派のテロ行為から京都を守るために結成された集団です。敵が武力をもって幕府を打倒しようとしたのですから、それを阻止するためにこちらも武力で応じたとしてもなんら恥じ入るところはありません。もちろん、武力に対抗するために武力を用いることの是非については議論の余地もあるでしょうが、時代的なことを考慮すれば、私は当然に認められるべきものと思っています。

——新選組だけがなぜ悪くいわれてきたのでしょうか。

山村 それは、歴史が勝者によって作られるものだからです。勝者の尊王派によって明治政府が誕生した以上、敗者である新選組が必要以上に悪くいわれるのはある意味避けられないことでしょう。だから後世の私たちは、歴史がしょせん勝者のものに過ぎないという事実をしっかりと認識しておく必要があるんです。「勝てば官軍」というのはまったく的を射た言葉ですね。

問3 新選組は尊王だったか？

——新選組局長の近藤勇は、実は尊王思想にあつい人物だったということですが。

山村 そのとおりです。ただ、だからといって近藤を尊王と認めていいかというと、私は違うと思っています。なぜなら、いくら尊王思想を抱いていたとしても、敵対勢力である徳川方に自分が所属したままでは説得力も何もない。天皇も好きだけど将軍も好きというのでは、異性に二股をかけてつきあっている人と同じです(笑)。そういう考え方は、やはり本当の尊王とはいえませんよね。

——なかなか厳しいご意見ですね。

山村　ですから、近藤を評価するときに尊王であったかどうかというのは、まったく意味のないことなんです。別に尊王であったから偉い、そうでなかったから偉くないというわけではない。近藤が偉いのは、自分が属した徳川のために命を投げ出して最後まで尽くしたこと。それに尽きるんです。そんな男であったからこそ、現代の私たちが近藤のために泣いてやったりできるんですよ。

問4　試衛館にはなぜ人材が集まった?

——近藤が江戸に開いていた試衛館道場には、なぜあれほど豊富な人材が集まったのでしょうか?

山村　試衛館の不思議なところは、天然理心流以外の流派の者まで集まっていたことなんですよね。北辰一刀流の山南敬助や藤堂平助、神道無念流の永倉新八、流派不明の斎藤一。原田左之助にいたっては槍の種田宝蔵院流ですからね。彼らが流派を転向して天然理心流を学ぶようになったというのならわかります。ところがそうじゃなくて、もともとの流儀を捨てることなく、ただ試衛館に居着いていたような印象がある。これは珍しいことですよね。

――そこにいれば食事にありつけたからということでしょうか（笑）。

山村　それもあったかもしれません。近藤は自分の食費を削ってでも居候たちの食事は用意していたと伝わってますしね。そういうことも含めて、近藤は若い人たちの面倒見がよかったんだと思います。親分肌というんでしょうか。若い人たちからすると、近藤のそんな包容力がたまらなく魅力的に思えたんでしょうね。

問5　新選組の隊規は何箇条あったのか？

――新選組を結成すると、近藤は厳しい隊規を作って部下を管理するようになりますね。

山村　試衛館のころのような小さな集団ではない新選組においては、内部を統率するために厳しい規則も必要だったのでしょう。その結果、永倉あたりからは、近藤の態度が以前と変わったといって反感をかうことになったようですが。まあ、組織を大きくしていくためには仕方のないことだったと思います。

——あの隊規は五箇条あったという説と四箇条だったという説がありますが、どちらが正しいのでしょうか？

山村　子母沢寛が昭和三年に著した『新選組始末記』には、「一、士道ニ背キ間敷事」で始まる五箇条が載っているんですが、この条文は古文書として残っているわけではないんです。だから必ずしも確実なものではなく、子母沢寛が『始末記』を執筆した時点での調査結果ということに過ぎません。それに対して、新選組の一員であった永倉は、大正四年に小樽新聞の記者の取材を受けたときに隊規は四箇条だったと語っているんです。子母沢寛が五か条めにあげていた「私ノ闘争ヲ不許」が入っていないんですね。どちらが正しいのか断定することはできないかもしれませんが、やはり当事者である永倉の証言は重みがあるんじゃないでしょうか。それで私は、隊規は四箇条だったものと判断しています。

問6 実際には脱隊は可能だった？

――隊規では脱隊は禁じられているわけですが、実際には除隊制度というものがあって、隊を辞める者もあったということですが。

山村　いや、そんな制度はなかったでしょうね。たとえば近藤芳助という隊士は、「隊内のようすを見て解約しようとしたが許されなかった。結局、死ななければ脱隊することはできない」と書き残しています。ほかに、伊東甲子太郎一派が脱隊するのに大変な苦労をしたようすなどを見る限り、やはり脱隊禁止条項は厳然として生きていたといわざるをえません。

――藤沢武城という隊士は学問ができたけれども武術がだめだったので脱隊を許された、また司馬良作という隊士は西洋渡航を願い出て許されたといわれてますが……。

山村　それは、彼らが新選組に不要な人間だったからでしょう（笑）。制度うんぬんの問題ではなくて、こいつは隊にいらないなと近藤や土方が判断したら、そりゃ脱隊だって認められますよ。どんな経営者だって、会社に必要な人間は手放そうとはしないし、不要な人間であれば簡単に退社を認めるのはあたりまえのこと。要は、新選組の経営者である近藤と土方が認めるかどうか、それだけのことに過ぎません。

問7 入隊試験はあったのか？

――新選組に入隊するのに剣術の試験のようなものはあったのでしょうか？

山村 武術が売り物の新選組ですから、入隊希望者に対して剣技をためすということは当然におこなわれていていいのですが、実際にはそうした試験があったという記録はありません。意外に誰でも入隊を認めてしまっている。藤沢や司馬もそれで入隊できたのかもしれませんね。ただ、いったん入隊したあと、夜間に突然斬りかかったりしてその者の度胸をためし、あまり臆病であった場合には辞めさせることもあったとも伝わっています。

――なるほど。それで精鋭が残っていくわけですね。

山村 そうです。剣の腕よりも必要なのは度胸がすわっているかどうか。そういうところを近藤と土方は重視したんですね。実は、ほかに一つだけ入隊の条件というのがありました。それは単身赴任に限るというものです。妻子があってもかまわないけれど、京都に連れてきてはいけない。京都から十里（四〇キロ）以上離れた場所に住まわしておくことが条件とされていました。妻子があることによって肝心な場面での闘志がにぶったというのはよくある話です。新選組ではそれを避けるために基本的に独身者ばかりを集めていたんですね。

問 8　壬生の狼と呼ばれていた？

――新選組は屯所のあった場所の名をとって、「壬生浪（みぶろ）」とか「壬生狼（みぶろ）」と呼ばれていたということですが。

山村　いや、彼らは新選組と名乗る前は「壬生浪士」と称していましたから、「壬生浪」と呼ばれていたのは確かですが、「狼」の字を使った「壬生狼」と呼ばれていたことはありません。そんな記録は実際には一つも見あたらない。あれは昭和になってから、小説か何かで創られた言葉でしょう。

――でも、「壬生の狼」と呼ばれていたと、よく新選組関係の出版物に書かれていますね。

山村　いいかげんな出版物も多いんですよ。何が史実で何がそうでないかをよく調べもせずに、流布している巷説（こうさつ）をそのまま本に載せている。困ったものです。あと、小説に出ていることを史実と思いこむ人も多いような気がします。たとえば、「近藤勇は○○だったそうですね」と私にいう人がいる。私はそのことに覚えがなかったので、どこで知ったのかと尋ねると、××さんの小説に書いてあったという返事が返ってきたりするんですよ。小説に書いてあったのでは、それは史実ということにはならないじゃないですか。読み手の方々は、そのあたりに気をつけてほしいですね。

――小説とか映像作品の影響は大きいということですね。

山村　そういうことです。ついでに申し上げておくと、新選組の羽織のひも、よくあれを前で結ばずに交差させて首のうしろにまわして結んでいますよね。ドラマとか漫画のなかで。ちょっと粋に見えて格好いいんですけど、あれも史実じゃないんです。記録のどこにもそんなことは書かれていない。後世の人が勝手に創り上げたものに過ぎないんですよ。でも一般のファンの方々にはそこまでわからないし、どこでも羽織のひもは前でクロスしているからきっと史実なんだろうと思い込んでしまう。困ったことですよね。

問9 新選組は高給取りだったか?

――新選組は、近藤勇が五〇両の月給をもらっていたのをはじめとして、みな高給取りだったそうですね。

山村 うーん、近藤が五〇両、土方が四〇両、各組長が三〇両、平隊士でも一〇両の月給をもらっていたと永倉新八が証言しているんですが、これはとても事実とは思えません。金額的に多すぎるように思えるし、何より現存する新選組の金銭出納帳と照合してもまったく計算が合わないんです。維新後の永倉が見栄をはって多めに語ったとみるべきでしょうね。実際には慶応二年(一八六六)の段階で、組長クラスで一〇両、平隊士は二両の月給であったという史料(「新選組金談一件」)があります。

――一両というのは、現在のお金にするといくらぐらいになるのでしょうか?

山村 当時と現在の貨幣価値を換算するのは困難なことなのですが、おおよそで一両は一〇万円程度と考えられます。一〇万円であるとすると、組長は一〇〇万円、平隊士は二〇万円の月給ということになります。沖田総司ら組長はともかくとして、ヒラの給料はこれでは厳しいものがありますね。もっとも、新選組は合宿生活ですから住宅費はかからないし、賄いで三食が支給されていたので食費もほとんどかからない。あと必要なのは遊興費のたぐいだけですから、なんとかやっていけたんでしょうね。

問 10 沖田総司の実像はどのようなものか？

――近藤勇や土方歳三は写真が残っていますが、あれはどこで撮影されたものなのでしょうか？

山村 近藤の写真は神田和泉橋の松本良順の役宅で内田九一が撮影し、土方のほうは箱館の田本研造の写真館で撮影されたものと考えられています。幕末はちょうど写真技術が日本に入ってきた時期でしたから、彼らの姿を正確に後世に残すことができた。もう少しタイミングがずれていたら、近藤や土方は写真を撮ることができなかったわけだから、私たちにとっては幸運でしたね。

――近藤の写真は、露出時間の長さを耐えているために表情が恐くなっているというのは本当ですか？

山村 そんなことはないでしょう（笑）。確かに日本に初めて写真が導入されたのは銀板写真といって、露出に長い時間を要したものでした。けれど、そのあとすぐに導入した湿板写真（ガラス板写真）では技術が進歩していて、一〇秒ほどの露光で撮影できるようになっています。近藤が撮影したころはもう完全に湿板写真の時代でしたから、近藤の場合もせいぜい一〇秒ほどがまんしていただけに違いありません。

――沖田総司の写真は残っていないのでしょうか？

山村 残念ながらそのようですね。京都にも写真館はできていましたから、沖田も撮影することは可能だったのですが、現在のところ彼の写真というのは発見されていません。ドラマなどで描かれているような美男ではなかったかもしれませんが、どのような顔をしていたか、やはり見てみたいものです。あと、よく沖田の肖像画として公表されるものがありますが、あれは沖田の顔を知っている人間が描いたものではありませんから、とくに信頼を置く必要はないでしょう。もう少しいい男だったと思いたいですよね。

問 11 好きな新選組隊士は誰か？

――山村さんの一番好きな新選組隊士は誰なのでしょうか？

山村　うーん、それはやはり土方歳三に尽きますね。盟友の近藤が処刑されたあともどこまでも戦い抜いて、幕臣としての意地を新政府軍に見せつけた。そして最後はひとり戦場に散って、新選組の責任者としてのけじめをつけた。そんな骨太の生き方はなかなかできるもんじゃないですよ。おまけにルックスだって、女性たちがほうっておかないようないい男。こんな格好いい男がほかにいますかね。

――まったくですね。近藤勇はいかがですか？

山村　土方にしろ、山南にしろ、永倉にしろ、みんな近藤に惚れ込んで試衛館に集まってきたわけです。その求心力というか、人間的なふところの大きさには惹かれますよね。これればかりは、さすがの土方も持ち合わせていないものでした。要するに、新選組にとって近藤と土方というのは車の両輪であって、どちらか一方がなくても動くことができない。両方そろっていてこそ力強く前進することができる。まさしくそういう関係にあったのが近藤と土方だったんですね。

問12 なぜ坂本龍馬も好きなのか？

――山村さんは、新選組にとっては敵になる坂本龍馬もお好きなようですが、そのあたりは矛盾しないのですか？

山村 まったく矛盾しません。確かに新選組が守る徳川幕府を坂本龍馬は倒そうとしたわけですが、幕府に政治をまかせておいては日本がだめになると判断してのことです。私利私欲で動いたのではありません。それに龍馬はできるだけ武力に訴えることを避け、穏便な形での政権移譲を考えていた。そのあたりが、ほかの尊王の志士たちとはひと味もふた味も違うところですね。

――結果的にはそのために幕府が消滅し、新選組も崩壊してしまいますが……。

山村 それは仕方ありません。一方は幕府のために尽くし、一方は幕府を倒すために尽くした。どちらが正しいということはないんですよ。人はみな自分が正しいと思ったことのために命をかける。つまり正義というのは決して普遍的なものではなくて、それぞれが自分のなかにだけ持っているものということになるんですね。龍馬も新選組も、その意味で自らの正義のために尽くした立派な男たちでした。私にとっては、どちらも同じくらい魅力的な存在なんです。

――最後に、読者の方へメッセージをお願いします。

山村　長い間、単なる人斬り集団と思われてきた新選組が、最近ようやくそうではないことをわかってもらえるようになりました。これは私にとっては何よりもうれしいことです。

　今回、この本を手にとっていただいたみなさんとともに、これからも新選組を愛し続けていきたいですね。

日野

▼1 **井上源三郎資料館**
井上家の一部を資料館として開放している。

▼2 **八坂神社**
天然理心流の額がある。

▼3 **宝泉寺**
井上源三郎の碑と墓がある。

▼4 **日野宿本陣**
近藤と土方が出会った場所と言われている。

▼5 **佐藤彦五郎新選組資料館**
佐藤家の一部を資料館として開放している。

▼6 **日野市立新選組のふるさと歴史館**
新選組の全体を知るならここ。新選組の撮影スポットなども。

▼7 **土方歳三資料館**
土方家の一部を資料館として開放している

▼8 **とうかん森**
土方の生家があった場所の近くにある森。

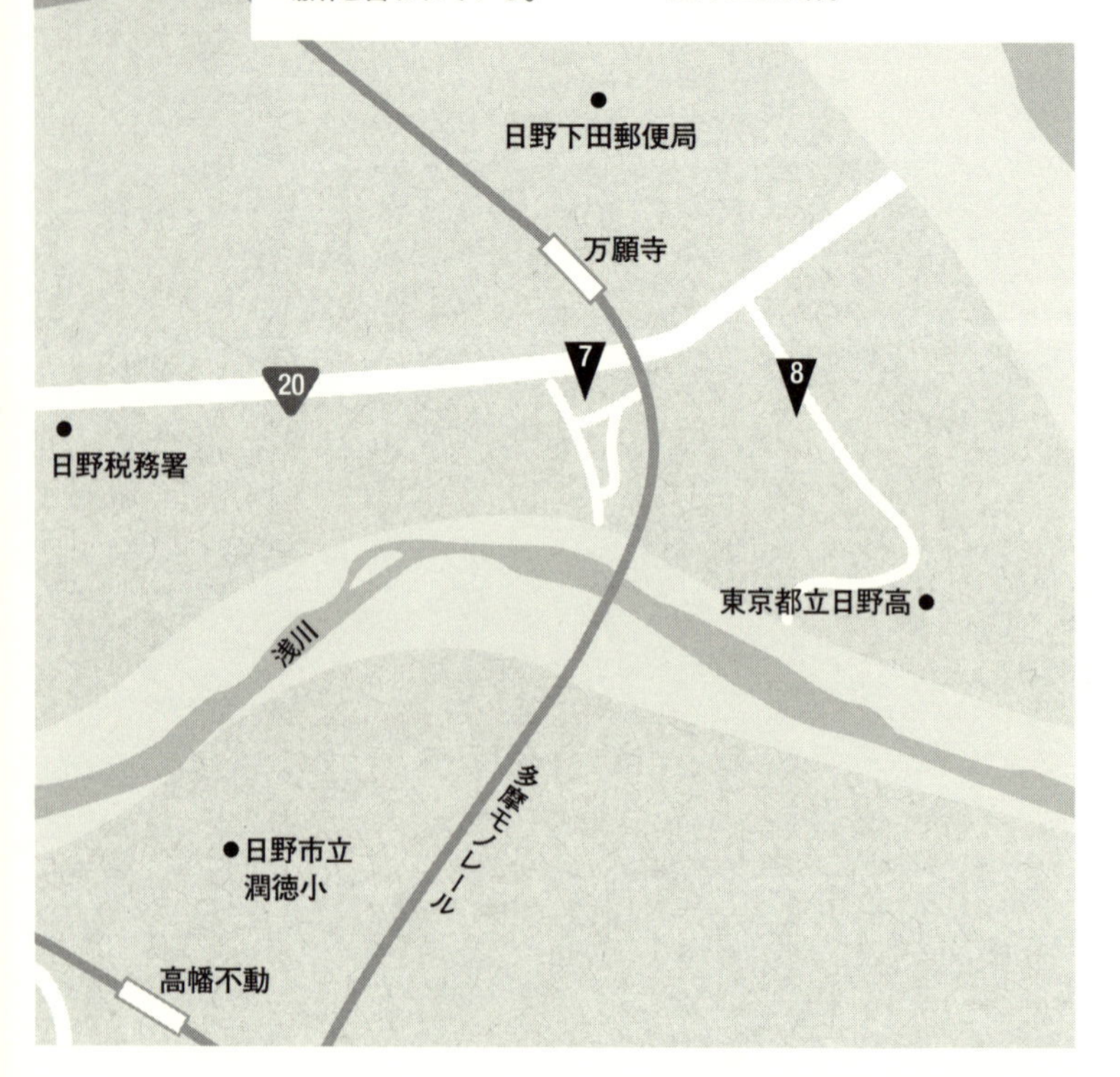

新選組ゆかりの地MAP

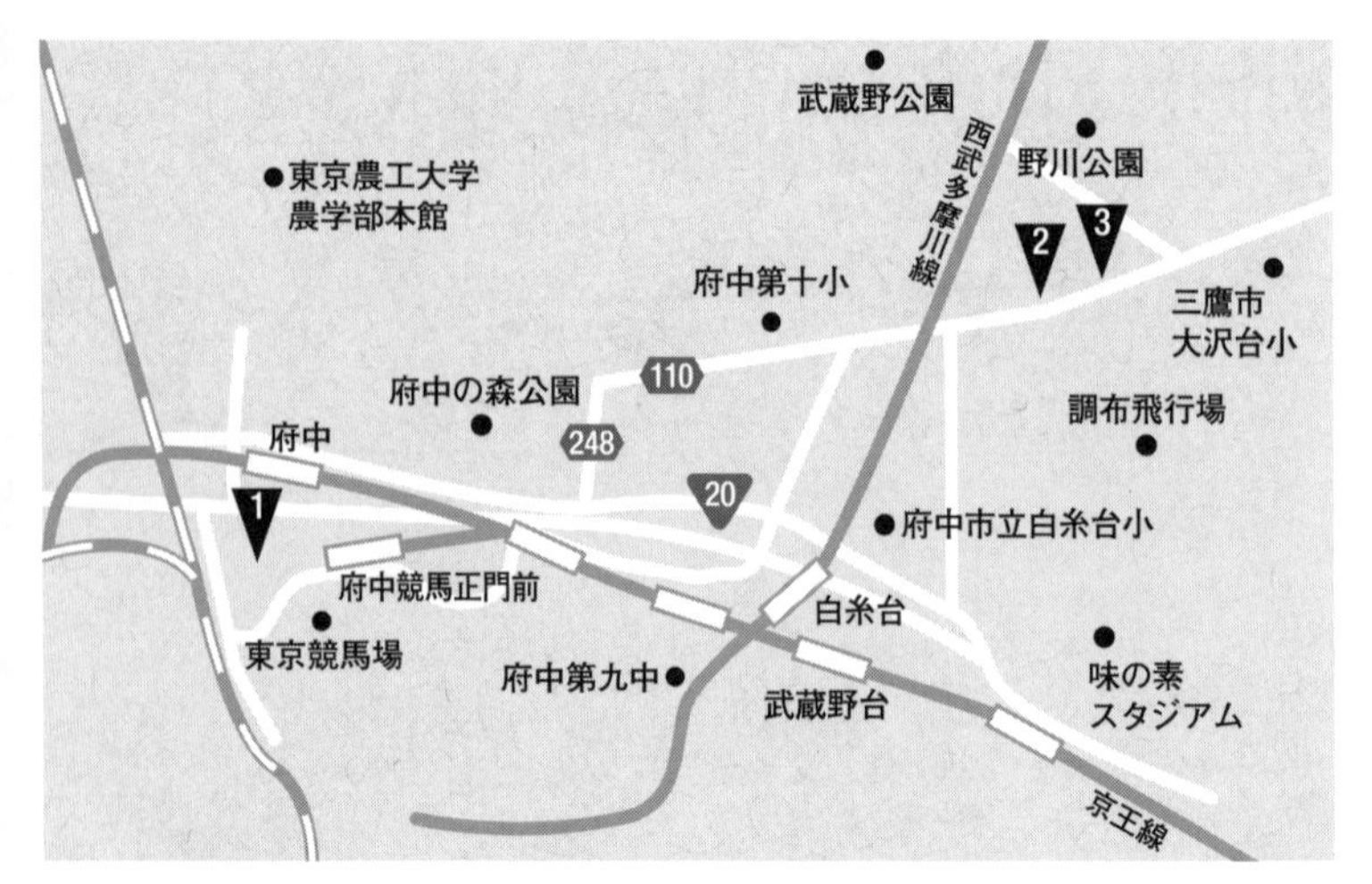

調布・府中

1 大國魂神社
近藤の天然理心流宗家襲名披露の
野試合が行われた。

2 近藤神社
近藤の生家跡。
近藤の産湯に使った井戸が残されている。

3 龍源寺
近藤家の菩提寺。近藤家の墓がある。

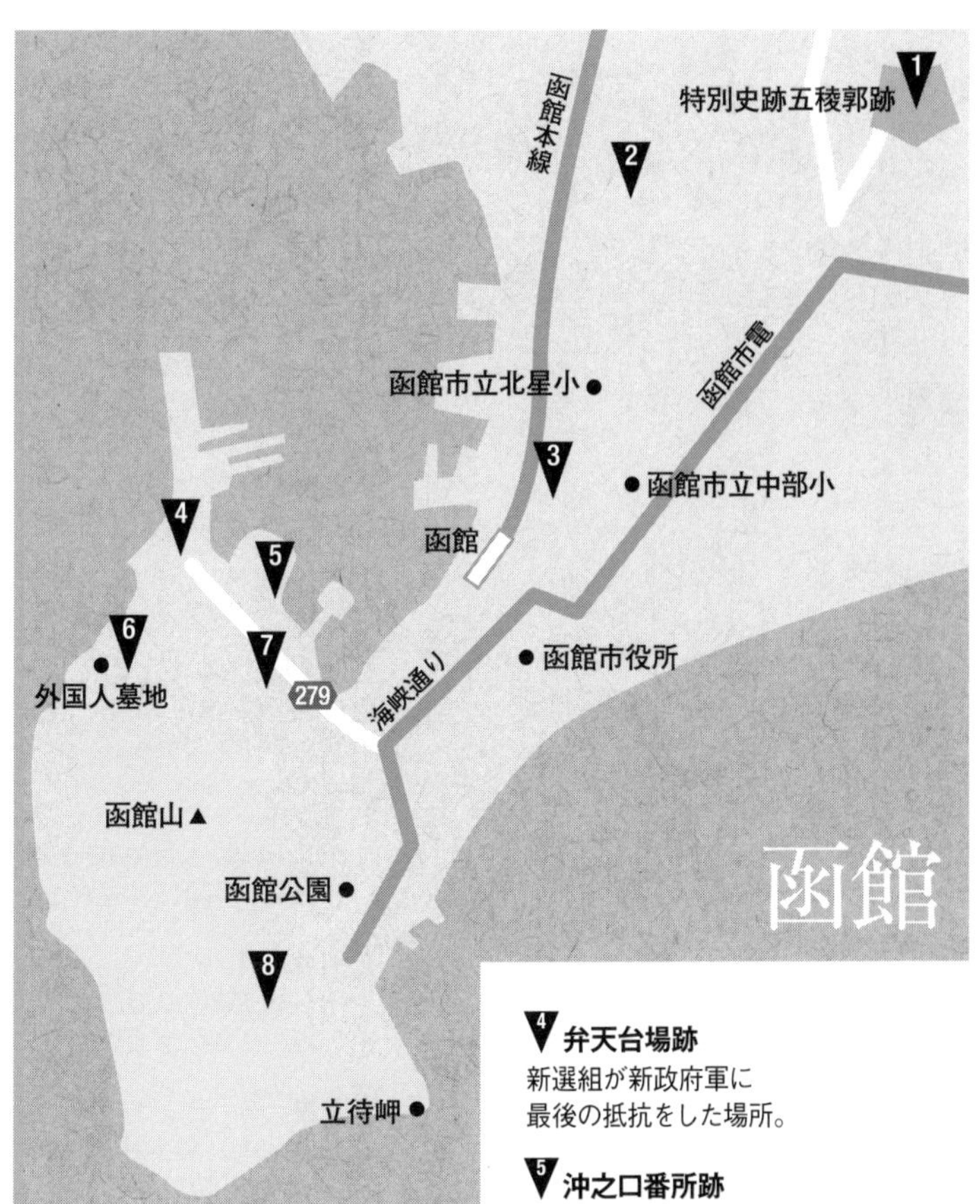

1 五稜郭
箱館戦争で土方らが占拠し
本拠地としたヨーロッパ式の城郭。

2 亀田八幡宮
戊辰戦争終結の地。

3 一本木関門
土方最期の地。「土方歳三最期之地碑」が建立されている。

4 弁天台場跡
新選組が新政府軍に
最後の抵抗をした場所。

5 沖之口番所跡
新選組の警備拠点が
置かれた場所のひとつ。

6 称名寺
新選組の屯所として使用され、
のちに隊士の供養碑が建てられた

7 新選組屯所跡
幕末当時に称名寺があった場所。
現在は函館元町ホテル。

8 碧血碑
箱館戦争の犠牲者を弔うために
建てられた。

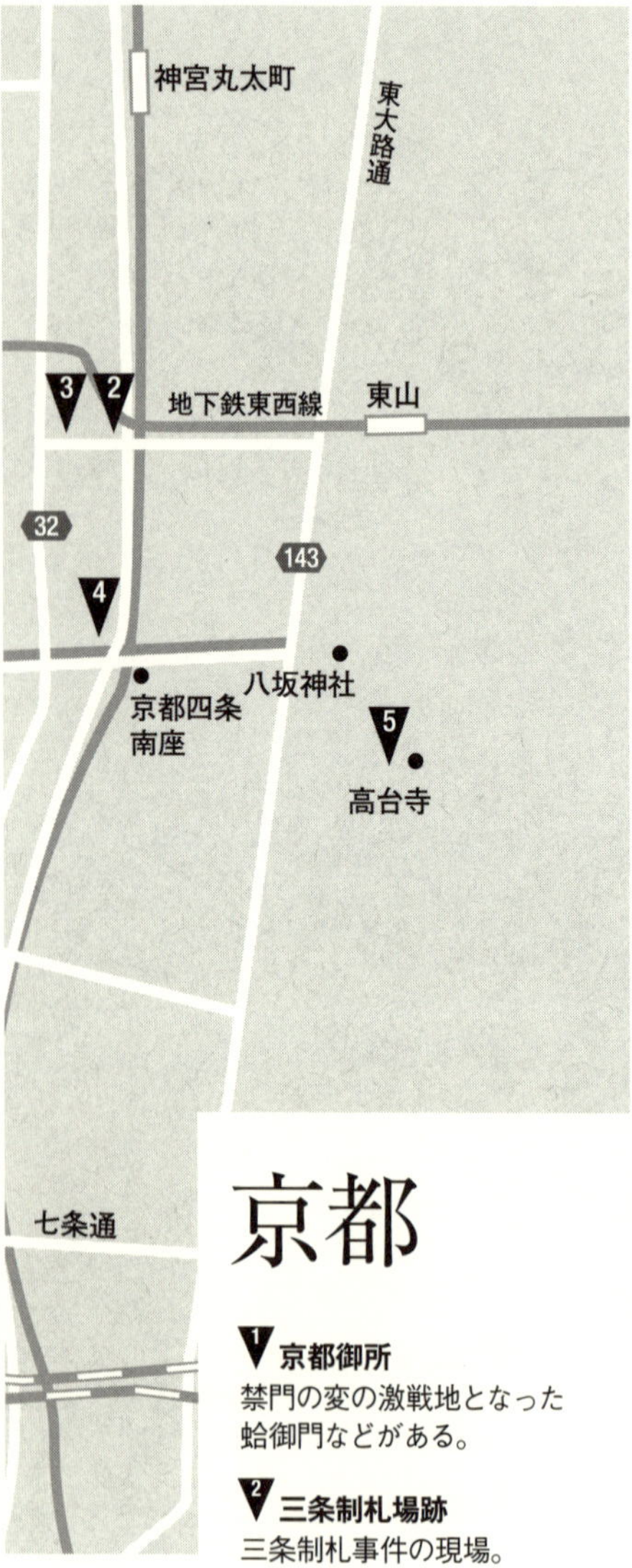

神宮丸太町
東大路通
3
2
地下鉄東西線
東山
32
143
4
八坂神社
京都四条
南座
5
高台寺
七条通

京都

1 京都御所
禁門の変の激戦地となった
蛤御門などがある。

2 三条制札場跡
三条制札事件の現場。

3 池田屋跡
池田屋事件の現場。
石碑と説明版がある。

4 古高俊太郎邸跡
池田屋事件で捕らえられた古高
の屋敷跡。現在は京料理屋に。

5 御陵衛士屯所跡
伊東甲子太郎ら
新選組離反組が屯所とした
高台寺月真院。

6 光縁寺
山南敬助や沖田縁者の墓がある。

7 旧前川邸
芹沢が強引に屯所とした
前川邸跡。
山南の切腹もここで行われた。

8 八木邸
芹沢や近藤が通った石畳も
そのまま残されている。

9 壬生寺
砲術の訓練場として使用された。
近藤の銅像や芹沢らの墓がある。

10 島原大門
遊郭だった島原の入り口。
多くの隊士が遊んだとされる。

11 角屋
芹沢暗殺の前に宴を開いた場所。
近藤の書が残されている。

12 西本願寺
屯所。新選組が使った
北集会所は姫路・亀山本徳寺
に移築。

13 伊東甲子太郎殉難の地
新選組を脱隊した伊東らが
殺された「油小路事件」の舞台。

14 不動堂村屯所跡
幻の屯所跡。
近藤の妾宅と隣接していた。

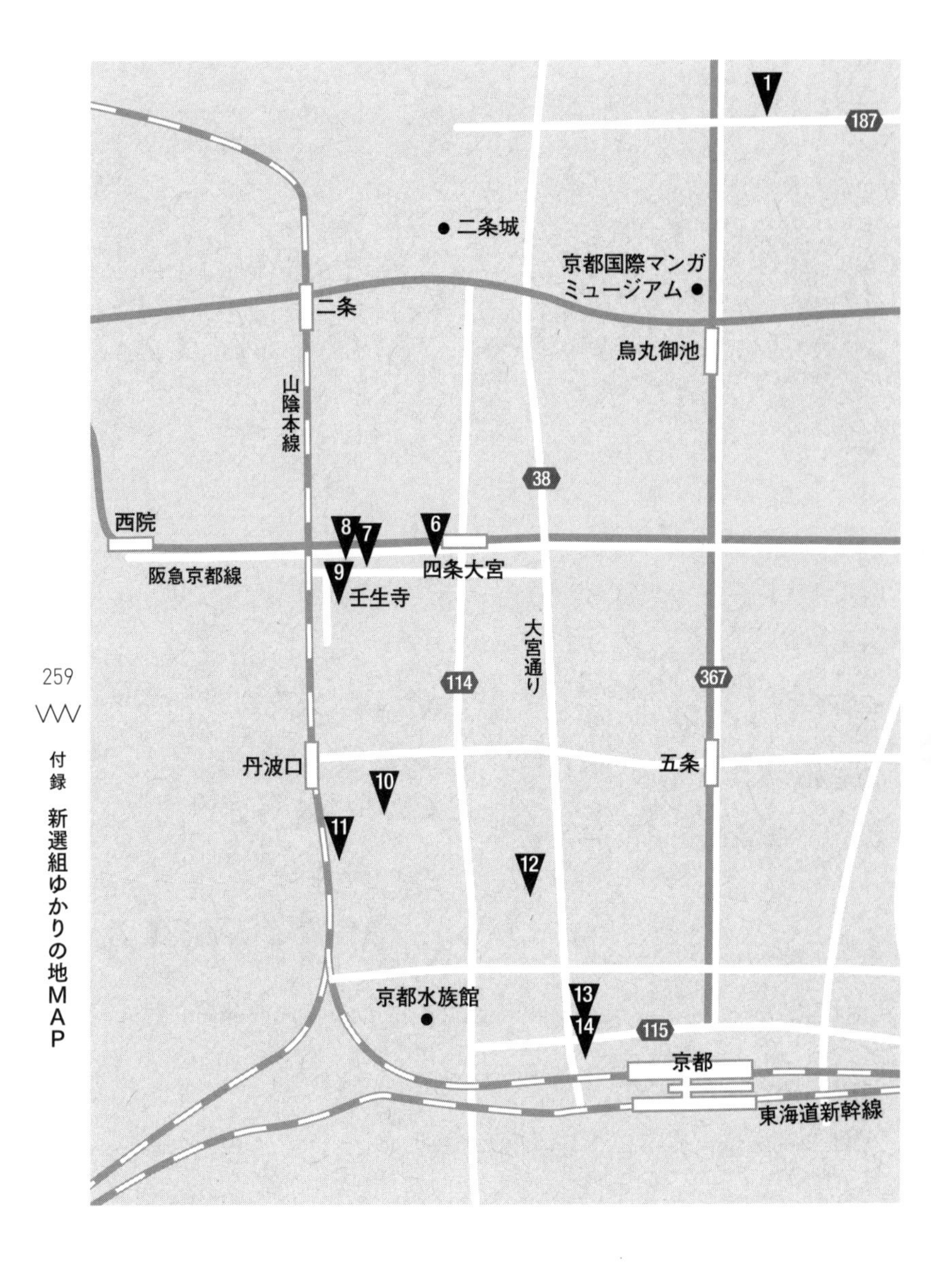
1
187
二条城
京都国際マンガ
ミュージアム
二条
烏丸御池
山陰本線
38
西院
8
7
6
阪急京都線
9
四条大宮
壬生寺
大宮通り
114
367
丹波口
五条
10
11
12
京都水族館
13
14
115
京都
東海道新幹線

本作品は、小社刊『本当はもっと面白い新選組』を改題し、
新原稿を加えて再編集したものです。

世界一よくわかる新選組

平成29年9月10日　初版第1刷発行
令和6年12月25日　　　第4刷発行

著　者　山村竜也

発行者　辻　浩明

発行所　祥伝社
〒101-8701
東京都千代田区神田神保町3-3
☎03(3265)2081(販売)
☎03(3265)1084(編集)
☎03(3265)3622(製作)

印　刷　萩原印刷

製　本　ナショナル製本

ISBN978-4-396-61621-2 C0021　Printed in Japan
祥伝社のホームページ・www.shodensha.co.jp

祥伝社のベストセラー

人生に悩んだら「日本史」に聞こう
——幸せの種は歴史の中にある

ひすいこたろう&白駒妃登美

秀吉、龍馬、諭吉……感動的日本人20人。彼らは「もうダメだ」をどのようにして乗りこえたのか？　教科書では絶対にわからない、ご先祖様たちの知恵と勇気とカッコよさ

いま日本人に読ませたい「戦前の教科書」

日下公人

大正から昭和へ——そこには世界最高水準の義務教育があった。先人の「学び」を知れば、日本の未来が見えてくる。強く、正しく、美しい日本を取り戻すために。

齋藤孝のざっくり！日本史
「すごいよ！ポイント」で本当の面白さが見えてくる

齋藤孝

つながりがわかれば、こんなに面白い！
日本史2000年のエッセンスを文脈からざっくり丸かじり